郑轶伟 著

A Centennial History of Chinese Export Cloisonné
From Late Qing To The People's Republic of China

景泰蓝的海外贸易
晚清到共和国百年商史

上海文化出版社

目 录

Contents

前　言　　　　　　　　　　　　　　　　　　　　　　　　　　　　　　5

第一章　景泰蓝的百年商史：从工艺商局到京珐

第一节 / 北京工艺商局的状元精神　　　　　　　　　　　　　　　8
引 言 / 一次喜惑参半的网购　　　　　　　　　　　　　　　　　8
一 / 北京琉璃厂义仓工艺局的创立和迁移　　　　　　　　　　　10
二 / 最爱景泰蓝　　　　　　　　　　　　　　　　　　　　　　12
三 / 戴着谋利面具的自强精神　　　　　　　　　　　　　　　　15

第二节 / 德成局的法兰西情结　　　　　　　　　　　　　　　　　20

第三节 / 民国景泰蓝的龙头老天利　　　　　　　　　　　　　　　32
一 / 老天利[上]：宝鼎炉的悬疑　　　　　　　　　　　　　　　32
二 / 老天利[中]：以质取胜的龙头　　　　　　　　　　　　　　34
三 / 老天利[下]：与时俱进的创新者　　　　　　　　　　　　　44

第四节 / 中华人民共和国景泰蓝：兴衰皆为强国　　　　　　　　　64

第二章　金气彩质时代情：景泰蓝的工艺和种类

第一节 / 景泰蓝的工艺　　　　　　　　　　　　　　　　　　　　76
第二节 / 景泰蓝的种类　　　　　　　　　　　　　　　　　　　　80
第三节 / 景泰蓝的纹饰　　　　　　　　　　　　　　　　　　　104
第四节 / 金气彩质时代情：中国景泰蓝和日本七宝的比较　　　　126

第三章　假作真时真亦假：景泰蓝的断代与辨伪

第一节 / 寻找断代的标准器　　　　　　　　　　　　　　　　　138
第二节 / 金氏缠丝云：简易的云头纹断代　　　　　　　　　　　157
第三节 / 景泰蓝的时代特征　　　　　　　　　　　　　　　　　160
第四节 / 假作真时真亦假：景泰蓝的清/民、日本仿古　　　　　175

前 言

Preface

珐琅器源于迈锡尼时代的古塞浦路斯以及古埃及[1]，是一种"型"和"彩"的结合。金属质好坚固，能成型，但色单调。宝石及琉璃多色彩，但易碎难保存。如果能结合金属和宝石/琉璃，那就能型彩兼备。但金属和琉璃的熔点和涨缩度不同，怎样融合金属和琉璃是对古代能工巧匠的挑战。

珐琅器相传在元代传入中国，在中国的主要类别为景泰蓝，也称掐丝珐琅，在工艺上以铜丝弯成的图案轮廓线有别于其他种类的珐琅器。在清康熙和乾隆两朝，景泰蓝由于受到帝王的关注和青睐，发展成为宫廷陈设器和玩赏器的主要品种之一。两岸故宫共藏珐琅器约九千件，其中大部分为景泰蓝。清同治中兴时，景泰蓝走向民间，经过几代人的努力，逐渐发展为外销出口的重要工艺品门类。中华人民共和国成立后，景泰蓝为国家的出口创汇作出了贡献。

目前关于景泰蓝的著述大多以乾隆宫廷器为主。但宫廷景泰蓝只是帝王一人之好，且长期深藏宫中。而景泰蓝真正的社会以及世界的影响却是始于晚清：1876年美国费城世界博览会上景泰蓝是所有中国展品门类中销售额最高的；1904年美国圣路易斯世博会上北京工艺商局主推当代景泰蓝，得了金奖，媒介报道为"世界上最高质量的景泰蓝"[2]。到了1920年代初，美国开始流行东方装饰，媒介评论中国景泰蓝为"东方艺术家最精细的作品"，"东方艺术最美丽的典范"[3]。所以，晚清到20世纪中后期的景泰蓝目前没有得到应有的重视。此其一。从收藏角度而言，市场上所见的景泰蓝几乎全是晚清到20世纪中后期的制品，而市场中的"明清宫廷件"大部分也是晚清到20世纪中后期的后仿品，所以需要有贴近收藏和市场的著述。此其二。这两点使笔者起意写本专门关于晚清到20世纪中后期景泰蓝的书。本着"求真"和"求精"的原则，笔者查阅了大量老资料，其中包括七万余份提及中国景泰蓝的英文老报纸，再结合十五年的景泰蓝收藏经验，遂成此书。

在收藏和写作过程中，笔者受益于比阿迪斯特（beadiste）网站有关中国景泰蓝的讨论，李林琳的《清末民国景泰蓝兴衰之研究》，张丽的《故宫博物院藏品大系·珐琅器编》。有幸和上海文化出版社再度合作，并得到编辑的指导和帮助。在此一并致谢！

郑轶伟

2019年5月

1　Haydn Williams, *Enamels of the World 1700-2000*（Khalili Collections, 2009），16.

2　《纽约时报》（*The New York Times*）1908年1月26日第43页。Accessed May 15, 2019, https://www.newspapers.com/image/20437012/.

3　美国《阿斯伯里帕克日报》（*Asbury Park Press*）1922年10月17日第5页。Accessed May 15, 2019, https://www.newspapers.com/image/143309075/.

· 壹 ·

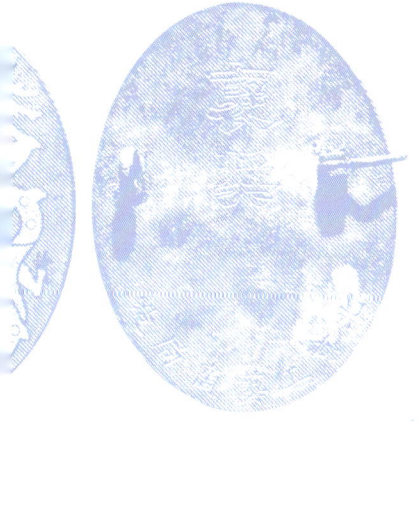

第一章

景泰蓝的百年商史：
从工艺商局到京珐

第一节 北京工艺商局的状元精神

引言

一次喜惑参半的网购

打开略显陈旧的黑盒，一对金光闪烁的珐琅环跃然眼前（图1）。拿起一环缓缓转动，心头的喜欢慢慢到了嘴角，网购中熟悉的感觉再一次回归：好东西常比预想的更好，差东西常比预想的更差。物如此，人又如何？

环乍看如扳指，但上手比扳指大很多，且比扳指薄。这种是外清和民国外销欧美的"餐巾环"，用于宴会晚餐，有些订制有使用者姓名。在1904年美国圣路易斯世博会的中国参展目录中[1]，来自北京的当代珐琅共877品，其中餐巾环（"Napkin Ring"）75品（图2），占珐琅总数的8.6%，可见当时有对此类的需求。另目录中餐巾环分普制和精制（"superior"），75品中三分之一为精制。精制品是什么样的呢？由于缺乏原始资料图片，精和普只有通过比较质量来猜测。例如我们对比图3中网购的（左）和同类的民国普品（右），左边的不但掐丝、釉质、鎏金胜出，且龙富有活力。

环内塞有两张叠得很小的广告纸。小心打开后，中文粗字为"北京琉璃厂工艺商局"，英文粗字为"Peking Industrial Institute"（直译为北京工艺局）制作的"PEKING CLOISONNE"（北京景泰蓝），见图4。英文还注明北京工艺局是宫廷的承办商，曾在1904年圣路易斯世博会获得景泰蓝的金奖。于是疑惑顿生：一般共识是清代及民国景泰蓝以清乾隆时为最佳，民国的名作坊其次，晚清再其次。然而在奄奄一息的清末最后十年，竟然还有这等精细的工艺，这般蓬勃的活力？细看广告后问题更多：北京工艺商局是谁所办？宗旨为何？结果怎样？

图1：晚清景泰蓝餐巾环两个，径分别为5厘米、4.9厘米。除非另外说明，本书图中物品均为私人收藏或旧藏。

图2：1904年美国圣路易斯世博会中国展品目录第55页。来源：https://babel.hathitrust.org/cgi/pt?id=hvd.32044060279387;view=1up;seq=1

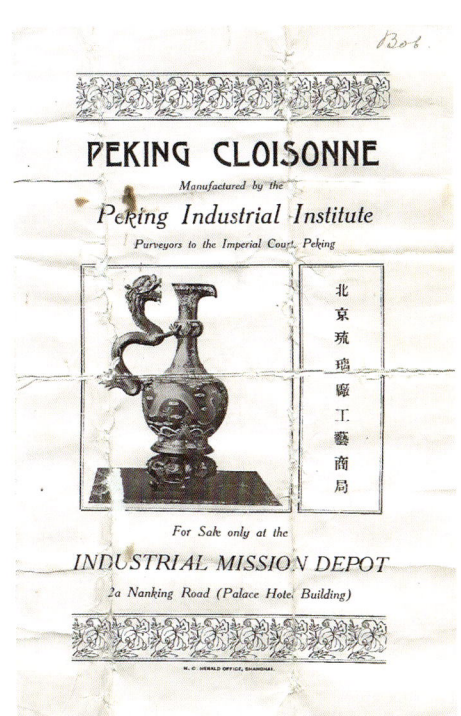

图4：塞在图1餐巾环中的广告纸之一。

图3：餐巾环对比图。左为晚清，径4.9厘米，重37克；右为民国，径4.9厘米，重40克。

一、北京琉璃厂义仓工艺局的创立和迁移

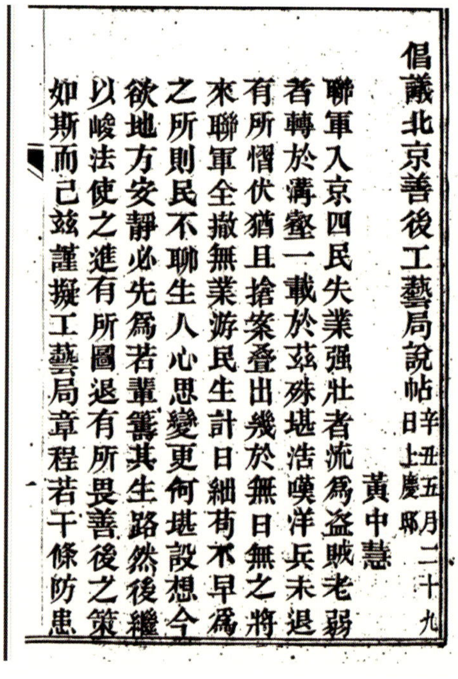
倡議北京善後工藝局說帖 辛丑五月二十九日上慶邸
黃中慧
聯軍入京四民失業強壯者流為盜賊老弱者轉於溝壑一載於茲殊堪浩嘆洋兵未退有所憚伏猶且搶案疊出幾於無日無之將來聯軍全撤無業游民生計日細苟不早為之所則民不聊生人心思變更何堪設想今欲地方安靜必先為若輩籌其生路然後繼以峻法使之進有所圖退有所畏善後之策如斯而已茲謹擬工藝局章程若干條防患

图 5：《倡议北京善后工艺局说帖》。来源：https://babel.hathitrust.org/cgi/pt?id=uc1.c067459799;view=1up;seq=1;size=75

1900—1901 年，八国联军攻占北京，两宫西狩。灾难和耻辱接踵而来：“维新”失败、《马关条约》2.3 亿两白银赔款的外债未清、而 4.5 亿两白银的“庚子赔款”又将开始。京城残垣断壁、游民日多、百废待兴。光绪庚辰科状元、因参与“维新”被革职的黄思永提出创立北京工艺局。光绪二十七年（1901）五月二十九日，黄思永长子黄中慧向庆亲王奕劻府上《倡议北京善后工艺局说帖》（图 5），陈述办工艺局的两大好处[2]：1. 收教游民；2. 制造谋利。另在《北京工艺局创办章程》阐述创办工艺局的四个宗旨：“收养游民、开通民智、挽回利益、转移风气。”[3]“收养游民”、“挽回利益”容易理解，但“开通民智”和“转移风气”具体怎么做呢？

首先要培养感情的纽带：“衣食先于教诲，督责出于优容。”[4] 人在衣食无忧，兼被关怀时才易接受批评和教导；其次因材施教，使资质品行皆好的学徒中西兼学。工艺局除了传授中国传统的工艺技能，还教以“英文格致诸学”[5]（格致是当时对西方科学的译语[6]）。最后在学堂随时宣读报纸，让学徒了解时事，跟上时代[7]。

黄思永和黄中慧的四个宗旨的立意符合新政，但是否有实现的可能？例如“挽回利益”一端：能否靠振兴手工业对外增加出口，对内减少对洋货的依赖？从当时的数据看，那是有可能的。据彭南生的《晚清手工业经济中的政府行为》，1909 年传统手工业（主要是家庭手工业）在工业总产值所占的比例为 54%，家庭手工业产值从 1884 年到 1892 年翻了一番，从 1892 年到 1914 年又几乎翻了一番[8]。外贸方面，据彭泽益的《中国近代手工业史资料》，在距离当时十多年后的民国

元年（1912），手工业品出口值仍占出口贸易总值的四成多（42.1%）[9]。再者，振兴手工业的成本远低于机器大生产的成本。晚清政府经济极其窘迫，故此设立工艺局符合当时的国情。

果然，光绪在二十七年（1901）十一月同意设立工艺局："前据直隶布政使周馥代奏、已革翰林院侍读学士黄思永。拟就京师外城琉璃厂义仓。收养游民。创立工艺局。招股试办。当交该兼尹等酌核具奏。兹据覆陈各节。京师游民甚繁。以教工为收养。实于生计有益。著照所拟。于京师内城外城各设工艺局一所。招集公正绅士。妥筹创办。"[10] 然而，紧接着光绪又说："朝廷准立工艺局。意在养民。不同谋利。该兼尹（顺天府尹陈璧）等务当加意考察。使工有所劝。民有所归。方副国家实事求是之意。至黄思永拟废义仓。招股开局。应不准行。仍著将备荒义仓。认真经理。以惠穷黎。"[11] 这里光绪既说黄思永的提议不错，可以创立工艺局，在北京内外城各设局一所；又说不准黄思永在琉璃厂义仓开工艺局，似乎自相矛盾，导致资料中对工艺局首创时间的不同说法[12]。这里关键是怎样理解"至黄思永拟废义仓。招股开局。应不准行"。有三种可能：一是黄思永准备在废义仓创立工艺局，光绪不准，所以工艺局并未创立；二是黄思永已经在废义仓设立了工艺局，光绪叫停，所以黄思永的工艺局被废；三是黄思永已经在废义仓设立了工艺局，光绪只是不让他在义仓设，但并没有废他的工艺局。结合其他的历史资料看，三是正解，以下为论据。

光绪二十七年（1901）十月，暂护直隶总督布政使周馥奏："前翰林院侍读学士黄思永、在京师琉璃厂废窑设立工艺厂。陈明立案。得旨、著顺天府察看情形。或行或止。酌核办理。"[13] 光绪二十八年（1902）五月二十一日，黄中慧写信给大公报，提到："工艺局自去夏六月经营草创，督工招股费尽心力，始稍有眉目，一旦陈［指顺天府尹陈璧］忽诬以欲废义仓侵占官地，而不知义仓之废已久，是公产而非官产，向系绅办，地方官从未与闻，且家大人［黄思永］即创办原人。"[14] 此外，工艺局最初办有《京话报》（北京出版的白话报刊）。根据网上的资料[15]，《京话报》光绪二十七年八月（1901年9月）创刊，同年十一月（1901年12月）停办。综合这些信息，工艺局的创办是光绪二十七年六月（1901年7月）。

那么，光绪不准黄思永在废义仓设局的来龙去脉是什么呢？源头来自顺天府尹陈璧的报告。知道黄思永在琉璃厂设立工艺局后，光绪令顺天府尹陈璧查看工艺局情况。陈璧调查后上奏：工艺局有做和艺事无关、小商贩之类的事（"寄屯米石、成做豆腐两事"）[16]，更重要的是，工艺局占了琉璃厂废义仓（备荒的粮仓所在），而义仓"虽所储无多，遇有荒歉之年，实足济赈抚所不及。"所以，陈璧提议："令该前学士将工艺局限一个月速移他所。"[17] 这才有了光绪的"至黄思永拟废义仓。招股开局。应不准行。仍著将备荒义仓。"

之后，陈璧又奏："惟京城地面甚广，须多立局所，方足以容穷黎。现在新设之局，正需布置；则旧有之局，亦不必中止。查已革翰林院侍读学士黄思永试办工艺局，已阅数月，其中兼印《京话报》，浅近明白，人人易晓，与原递章程亦相符合。际此振兴庶政，以开浚民智为先，工政报章并行不悖。除拟废义仓设局，殊于荒政有碍，谨遵前旨，着不准外，可否仍准该前学士黄思永迁移他所设立，讲求工艺等事，开通风气。"[18] 这进一步说明了陈璧并非要废止黄思永的工艺局，而是要他把工艺局从义仓迁往他处。

图6：清末北京工艺商局造天津水师学堂褒奖纪念章，李伟先旧藏。嘉德2017年6月23日拍品8027号。

黄思永对陈璧所奏非常不满，因为迁移使得工艺局前期投入遭受很大损失。黄思永"令人上《益闻》洋报，痛斥极论。谓沮工艺局，停《京话报》，与杀袁［昶］、许［景澄］诸人无异。"[19] 半年后黄中慧仍在大公报上说："义仓之废已久，是公产而非官产，向系绅办。"[20]

工艺局何时完成迁移不得而知，但黄思永的工艺局在1901年之后继续存在是没有疑问的，而且局址仍是设在琉璃厂。局名在国内多称作"北京工艺商局"[21]，也有称"北京工艺局"、"琉璃厂工艺局"[22]的，在国外称作"Peking Industrial Institute"，图4的广告纸中，即称其为Peking Industrial Institute/北京琉璃厂工艺商局。在1904年美圣路易斯世博会，Peking Industrial Institute大放异彩（见下一小节）。传世珐琅奖章亦见刻款"北京工艺商局造"，见图6清末北京工艺商局造天津水师学堂褒奖纪念章。

二、最爱景泰蓝

清胡思敬《国闻备乘》云：黄思永工艺局"工业渐振，其制作以景泰蓝铜器为最精，一瓶值五千元。竭数百工人之力，成一玩好以夸示四方，亦淫巧甚矣。"[23] 1904年美圣路易斯世博会，黄氏北京工艺商局共展出249种工艺品，共1279件。其中景泰蓝有65种，881件[24]。所以按品种算，景泰蓝占展品总数的26.1%。按件数算，景泰蓝占展品总数的68.9%，也就是说，近七成展品都是景泰蓝[25]。为什么黄氏如此看重景泰蓝呢？

有三个原因。一、景泰蓝档次高。鸦片战争前，景泰蓝基本是清宫廷专用。二、景泰蓝工艺复杂，工序多，能充分体现工艺局的"工"（劳力）和"艺"（技艺）。三、景泰蓝当时在国外已有名气和需求。联军两度洗劫圆明园，清宫的景泰蓝多次出现在国外拍卖。欧洲对珐琅历来喜爱，鸦片战争后对中国景泰蓝较有兴趣。在19世纪70年代，就有来自欧洲的订单，北京出现了专门的私人景泰蓝作坊，例如"德成"等。

1902年后，黄思永和黄中慧的北京工艺商局在国外赛会中两获大奖。一是1902—1903年法属印度支那河内博览会。"江宁黄中慧所制景泰蓝器具，在法人召开的越南河内博览会中获得头等奖凭。黄氏回国抵达上海时，汪康年特已倡率上海绅商在味纯园召开欢迎会，并邀请黄氏所率工人到会表演制造景泰蓝之法，以提倡工艺，使远近工厂尽知出国参赛的利益。"[26] 又《江苏省通志稿》："黄思永……于京中创设工艺局，纲罗技师，教习工徒。年余，规模粗具，局中出品，若毡毯，若景泰蓝诸器，运赴法属河内比赛，咸得最优奖，欧洲一时风行。国产之出口者，岁大增至数百万金"[27]。可见河内比赛得奖后，毡毯和景泰蓝的出口值增大。

二是1904年的美国圣路易斯世博会。这次赛会清政府非常重视，准备了两年，是"晚清历史上最大规模的出洋赛会活动"[28]。政府拨款库平银75万两，是"历年总和之三倍"[29]，慈禧亦对此会极为热心[30]。黄氏北京工艺商局去了5人，分两批运去价值约16万元的货物，以景泰蓝、地毯等为主[31]。然而，在赛会的销售结果并不如意："北京工艺局因赛会场地狭小，偏僻异常，许多商品未能陈列展出，故而销售甚少。"[32] 北京工艺商局当时是在赛会的人文宫展出[33]，展区看上去如同一家小店的门市部，见图7。"场地狭小和偏僻"固然是滞销的原因之一，但不是唯

图7：北京工艺商局在圣路易斯赛会人文宫的展区。来源：
https://babel.hathitrust.org/cgi/pt?id=uiug.30112078710792;view=1up;seq=314

图 8：赛会英国瓷器展所（左）和中国瓷器展所（右）的比较。来源：王正华：《呈现"中国"：晚清参与 1904 年美国圣路易万国博览会之研究》第 468 页，第 470 页。比较的思路亦是受该文启发。

一的。图中商品堆放得十分拥挤，缺乏展览的理念。再看图 8，比较赛会英国瓷器展所（左）和中国瓷器展所（右）：英国的像高档的博物馆，而中国的像大众的杂货铺。试问买奢侈品的中高端买家会向谁买？所以，缺乏展览的理念是原因之二。原因之三是政局的大势对中国的形象并不有利。日俄为争夺在中国的利益而开战，中国不同政治势力内哄，美国不断排华，海关的洋员在赛会中展览中国落后的东西（如小脚等）。中国在西人眼里依旧是个古老而混乱、文明和落后混杂的国家。这个形象对于有些超前的中国官商是个耻辱，但实际却基本客观。显然，这样的形象并不能提升西人对中国产品的兴趣。原因之四，是工艺商局的心太热，带去的景泰蓝太多，对销售的预期过高。工艺商局的景泰蓝不但品种多，而且平均每种有十三四件的量，东西太多且雷同，就抹杀了中高档奢侈品应该具备的稀有感。这对于开拓新市场是个致命伤。

质量和布展的反差，对应着获奖和销量的反差。工艺商局尽管销量不佳，但仍获得了"超等文凭三张，金牌、银牌若干枚"[34]。在马克·贝尼特（Mark Bennitt）1905 年编写的《路易斯安那州购买展览的历史》（History of the Louisiana Purchase Exposition）中，两次提及北京工艺商局赢得一些大奖（grand prizes）和金银铜奖（gold, silver, and bronze medals）以及工艺商局有个景泰蓝新工艺流程的展示[35]。这个新工艺流程和传统制作基本一致，只最后工序变成了电镀，以及说明掐丝前先把纹样刻在胎上，掐丝后点蓝是靠工匠的记忆等[36]。

由于黄思永创立工艺局的带头效应以及其后工艺商局所得的奖项，光绪三十年（1904）四月光绪"以创办工艺局颇著成效。复已革三品衔翰林院侍读学士黄思永原官原衔。"[37] 1903 年开设商部，"[商部尚书]载振奏给[张]謇三品卿衔，并起用[黄]思永，皆充头等顾问官，世呼为'商部两状元'"[38]。

三、戴着谋利面具的自强精神

图9：左边的是略早的西式主教用景泰蓝洗手壶，高29厘米，重1296克。中间的是北京工艺商局推广的景泰蓝新式壶。右边的高20厘米，加拿大威尔肯斯拍卖与评估（A. H. Wilkens Auctions & Appraisals）2017年12月5日拍品1124号。

圣路易斯赛会后，北京工艺商局继续开发和宣传景泰蓝外销的新品种。图4广告纸中的招牌产品——龙把水壶即是一例。这种水壶的早期品是按西式定做的主教用洗手壶，见图9的左壶。工艺商局对其造型做了本土化的改动后再推广。在圣路易斯世博会中展有8个景泰蓝金黄地水壶（eight gold ground pitcher）[39]。和教堂用的洗手壶不同，工艺商局的壶没有配套的托盘，也许这类壶是作为日常生活或摆设品推广。而教堂用的洗手壶应有当时配套的托盘/水注[40]或者/以及盖，见图10。洗手壶价格不菲：图10中的壶标价为28美元，合70大洋左右[41]，而当时普通工人的一个月工资不到10个大洋，鲁迅在北京买套四合院也只花了800大洋。照此类推，工艺商局的水壶当时也不会便宜。其后老天利等作坊也制作这种式样的水壶（图9的右壶），市场上时有所见，但比烟具、餐巾环等要少得多。

预期过高而导致的过度扩张是商业运作的最大风险之一。运往圣路易斯赛会的产品滞销，想必影响了工艺商局资金的流转。工艺商局最终停办，具体的时间和原因不详。但黄思永1907年任浦口商埠督办[42]，而1906年工艺商局仍在（见注21），工艺商局的停办应在1907年左右。《旧京琐记》云："[黄思永]设工艺局于琉璃厂。

序号	价格($)	产品介绍
165	10.00	提罐铜质镀银
166	2.50	烧蓝圣水池
167	50.00	主教大权棍铜质镀金
168	5.00	银圣油盒
171	18.00	主教用者大酒水壶铜质镀金
173	28.00	主教用者大烧蓝洗手壶

图10：北京西什库天主教堂印书局1925年《珐琅祭器样子》中的景泰蓝主教用洗手壶以及价格。来源：李林琳：《清末民国景泰蓝兴衰之研究》，第37—38页。

省份	工业各局	工业各种传习所	劝工场	公私建设各工场
直隶	165	3	2	45
奉天	5	12		5
吉林	1	6		1
黑龙江	1	7		1
江苏	2	8	1	21
安徽	1	1	1	
山东		116	1	14
山西	1			8
河南	1			12
陕西	14	12	1	12
甘肃	6	49		6
新疆		5		
浙江	19	20		12
江西	7	76	4	10
湖北	1	7		26
湖南	1	2		2
广东	2	21	1	41
广西	1	14		2
云南		83		10
贵州				2
福建		8		10
四川		73		7

图11：各省工艺局等的数量表。来源：彭泽益：《中国近代手工业史资料》第2卷。

农工商部工艺局宣统三年预算①（单位：京足银两）

岁入		岁出	
部发额支经费	33,600	薪工	20,750
地租	380	饭银	9,560
房租	100	杂支	3,290
售货价银	37,000	各种购料	41,200
合计	71,080	合计	74,800

图12：农工商部工艺局宣统三年预算。来源：沈祖炜：《略论清末官办工艺局》，《史学月刊》1983年第3期，第58页。

提倡珐琅、雕漆、裁绒诸业，得超等文凭于法国赛会，出口岁增数百万，惜财力薄，无大资本家助之，所招股本特乡年世好戋戋廉俸而已，故终至停办。"[43]

在黄思永开创工艺局的示范效用下，各省的工艺局、传习所、劝工场等纷纷成立，到清亡前数量已过千，见图11。虽然经济效益不好（根据图12农工商部工艺局宣统三年预算，销售额还不及材料费，再加进政府补助三万三千六百两，仍是亏），但对于"收教游民""转移风气"以及光绪旨中的"意在养民、不同谋利……使工有所劝、民有所归"[44]是有效果和深远影响的。学习、实践一门手艺作为谋生手段能改变一个人的实质。实践过了，手艺成了身心的一部分，能力增强了，振兴实业才不是一句口号。工艺局可以倒闭，清可以亡，但学到的技艺不会消失，上进之心不会亡，实践者会自发地寻求更多的发展和实践。

回头再看黄氏《说贴》："京货所著名者，如景泰珐、栽绒毯、平金、雕刻之类，精益求精……绣货、景泰蓝及毡毯、雕刻之类，向为北京所著名者，宜格外加工制造，不惜资本"[45]。"精益求精，不惜资本"不像是一个以商心为主的人所说的话。我们评判一个人，不能只看他的目标，更要看他实现目标的方式。目标是社会普遍价值的载体，而方式才体现了一个人的特性。黄思永处处呐喊着要谋利，但他却没有商人的算计；他不曾为自强而自强，但自强却是他的本质。他在世博会得奖，与其说是为了促销，倒不如说是为了得到西方新兴强者的认可和尊重。

我们再来看看图1的景泰蓝环。它没有呐喊自己的精工，而是默默地展示着各项工艺的细致和平衡。它是平和的，带给赏者一个静静的欣赏的氛围。这和西式审美以及当代的浮和变都大相径庭。对于黄思永如此投入地将精神降格为外贸商品，我们不妨微笑着揶揄：这是深刻者的面具[46]。

---

1 *China : Catalogue of the Collection of Chinese Exhibits at the Louisiana Purchase Exposition St. Louis 1904*（St. Louis : Shallcross Print, 1904），54-56. Accessed May 15, 2019, https://babel.hathitrust.org/cgi/pt?id=hvd.32044060279387;view=1up;seq=1.

2 见《倡议北京善后工艺局说帖》。Accessed May 15, 2019, https://babel.hathitrust.org/cgi/pt?id=uc1.c067459799;view=1up;seq=1;size=75.

3 《北京工艺局创办章程》："本局以收养游民开通民智挽回利益转移风气四端为宗旨"。Accessed May 15, 2019, https://babel.hathitrust.org/cgi/pt?id=uc1.c067459799;view=1up;seq=1;size=75.

4 《北京工艺局创办章程》："必须衣食先于教诲督责出于优容去其旧染之污复其固有之善"。Accessed May 15, 2019, https://babel.hathitrust.org/cgi/pt?id=uc1.c067459799;view=1up;seq=1;size=75.

5 《北京工艺局创办章程》："局中有英文学堂格致化学电学诸作提出良家子弟暨聪颖学徒教以英文格致诸学"。Accessed May 15, 2019, https://babel.hathitrust.org/cgi/pt?id=uc1.c067459799;view=1up;seq=1;size=75.

6 梁启超《格致学说沿革小史》："形而下学，即质学、化学、天文学、地质学、全体学、动物学、植物学等是也。吾因近人通行名义，举凡属于形而下学，皆谓之格致。"

7 《北京工艺局创办章程》："本局购有蒙学白话工艺商务各报纸取其有关教化通达人情启发心思增长学识随时在学堂宣讲以发愚蒙而开智慧"。Accessed May 15, 2019, https://babel.hathitrust.org/cgi/pt?id=uc1.c067459799;view=1up;seq=1;size=75.

8 彭南生：《晚清手工业经济中的政府行为》，《华中师范大学学报》1998年第6期。

9 彭泽益编：《中国近代手工业史资料》第3卷，三联书店1957年版，第816页。

10 见《清实录 光绪朝实录》实录卷之四百九十。

11 同上。另外，文中及注释中中括号和小括号的区别及作用如下：中括号出现在引文中，是笔者对引文内容的解释和说明；小括号是笔者对非引文内容的解释和说明。

12 比如有说1901年，见王正华：《呈现"中国"：晚清参与1904年美国圣路易万国博览会之研究》，《画中有话：近代中国的视觉表述与文化构图》，台北中央研究院近代史研究所2003年，第421—475页。有说1903年，"光绪二十九年（1903年），清政府首开工艺局，收养乞丐游民"。宋德臣：《昙花一现的清末游民就业工程》，《文史精华》2017年第6期。

13 《清实录光绪朝实录》实录卷之四百八十八。

14 冯治阳：《严复在〈大公报〉上的一则佚函及相关问题考辨》，《史林》2017年第4期。

15 《京话报》目录图片。Accessed May 15, 2019, http://ishare.iask.sina.com.cn/f/LpuVhwI-HYx.html.

16 《国闻备乘》亦云："思永初开工艺局，言官参其以水磨豆腐专小贩之利，遂落职。"

17 陈璧：《察看工艺局情形据实覆陈折》，《请将工艺局迁移他所保存原有义仓续筹积谷片》。见陈璧：《望岩堂奏稿》。

18 同上。

19 冯治阳：《严复在〈大公报〉上的一则佚函及相关问题考辨》。

20 同上。

21 例如：记者江南乐育生《劝业展览会纪盛》（该会是光绪三十二年［1906］十月初七日津地第一次考工厂工商劝业展览会）："本省外省大略咸备，如北京……工艺商局之景泰蓝。"见周尔润，《直隶工艺志初编》《业录类卷上》，二十八。又如：1903年"北洋烟草公司招商股三万五千两（其中八千两为北洋工艺商局认购）……商总董由北京工艺商局的商界名流光绪庚辰科状元黄思永担任，其'经理招募商股及公司内一切事宜'"。曲振明：《北洋烟草公司》，《中国烟草》1993年第8期。

22 例如：1905年1月19日，《大公报》的一则收集旧报刊的广告中有"琉璃厂工艺局黄中慧代启"。

23 胡思敬：《国闻备乘》卷三。

24 881件中，877件都是当时新做的景泰蓝，只有4件是老的景泰蓝。

25 *China : Catalogue of the Collection of Chinese Exhibits at the Louisiana Purchase Exposition St. Louis 1904,* 50-59. Accessed May 15, 2019, https://babel.hathitrust.org/cgi/pt?id=hvd.32044060279387;view=1up;seq=1.

26 廖梅：《汪康年：从民权论到文化保守主义》，上海古籍出版社2001年12月，第158页。

27 《江苏省通志稿》·人物志上·第十二卷·仕绩三·江宁府三。

28 张伟：《西风东渐：晚清民初上海艺文界》，台湾要有光2013年，第172页。

29 王正华：《呈现"中国"：晚清参与1904年美国圣路易万国博览会之研究》，第421页。

30 "1903年当载振向她奏对日本大阪博览会情形时，慈禧就跃跃欲动，'大有以未得亲往一睹为憾之意。继闻物品以中国为不佳，又颇有不悦之色'（《中外日报》1903 年 6 月 17 日）。此次虽不能亲自赴美参会，但她却想方设法极力支持溥伦。特别是当美国公使夫人和赴美副监督柯乐尔的妹妹提出为她画像，并建议将画像送至圣路易斯展览会展出时，慈禧不顾中国人死后才能作像的社会风俗，欣然同意。"董增刚：《晚清赴美赛会述略》，《北京社会科学》2000 年第 2 期。

31 同上。

32 同上。

33 Mark Bennitt, ed., *History of the Louisiana Purchase Exposition*（Saint Louis：Universal Exposition Pub. Co., 1905），292. Accessed May 15, 2019, https://babel.hathitrust.org/cgi/pt?id=uiug.30112078710792;view=1up;seq=9.

34 根据董增刚的《晚清赴美赛会述略》，此信息来自《中外日报》1904 年 11 月 14 日。

35 Bennitt, *History of the Louisiana Purchase Exposition*, 292, 294. Accessed May 15, 2019, https://babel.hathitrust.org/cgi/pt?id=uiug.30112078710792;view=1up;seq=9.

36 *China：Catalogue of the Collection of Chinese Exhibits at the Louisiana Purchase Exposition St. Louis 1904*, 56-57。Accessed May 15, 2019, https://babel.hathitrust.org/cgi/pt?id=hvd.32044060279387;view=1up;seq=1.

37 《清实录光绪朝实录》实录卷之五百二十九。

38 胡思敬：《国闻备乘》卷三。

39 *China：Catalogue of the Collection of Chinese Exhibits at the Louisiana Purchase Exposition St. Louis 1904*，54. Accessed May 15, 2019, https://babel.hathitrust.org/cgi/pt?id=hvd.32044060279387;view=1up;seq=1.

40 李林琳：《清末民国景泰蓝兴衰之研究》，首都师范大学硕士论文，2006 年 5 月。

41 1925 年黄金的价格是 1 盎司换 20.67 美元，以此推算。

42 李玉林：《清末状元黄思永坎坷人生路》，《炎黄纵横》2016 年 9 月 5 日。

43 夏仁虎《旧京琐记》："当时朝流中能讲工艺实业者首推黄学士思永，拳乱时被收入狱，在狱中，日书大字数百，心志颇坚定。事定出，复故官，乃设工艺局于琉璃厂。提倡珐琅、雕漆、栽绒诸业，得超等文凭于法国赛会，出口岁增数百万，惜财力薄，无大资本家助之，所招股本特乡年世好戋戋廉俸而已，故终至停办，归任浦口商埠督办。值革命，没于海上。余为清结其工艺局未完事，惜其造端宏、志愿大，而屈于所遇也。"

44 《清实录光绪朝实录》实录卷之四百九十。

45 见《倡议北京善后工艺局说帖》。Accessed May 15, 2019, https://babel.hathitrust.org/cgi/pt?id=uc1.c067459799;view=1up;seq=1;size=75.

46 尼采《超越善与恶》："所有深刻的精神都爱面具。"

第二节　德成局的法兰西情结

图 14：1915 年美国巴拿马万国博览会美术宫的中国展区。来源：https://babel.hathitrust.org/cgi/pt?id=mdp.39015027324758;view=1up;seq=65;size=200

除了北京工艺商局制作的景泰蓝，1904 年圣路易斯世博会中国参展目录中还有一些其他景泰蓝，其中有个来自上海收藏的景泰蓝盘，介绍为"最新类别'凸起的景泰蓝'（'raised cloisonné'），是北京有名的公司'Te Cheng'所做"[1]。"凸起的景泰蓝"是什么品种？"Te Cheng"又是哪家公司？

先看"Te Cheng"。在 1915 年美国巴拿马万国博览会美术系的中国展品中，有六家景泰蓝参展商[2]，其中第三家"Teh Chang"（图 13）和上述的"Te Cheng"应为同一家，即北京杨梅竹斜街的德成局。在巴拿马目录中，德成虽列在"Pao Hua-leo"（宝华利）和"Teh Hsin-chen"（德兴成）之后，但宝华利的都是奖章，而德兴成虽然展品最多（30 种），但目录中未有注明大件。德成虽然只有 9 种展品，但大件不少：图 14[3] 中的一对大狮应就是目录中的德成展品 94 号"Big Lions"，大狮两旁的一对大瓶应是德成 97 号"Big

PORCELAIN.

Wang Teh-chang.
23. Bowl: Milky Way Marriage.
24. Vase: Official Promotion.
25. Colored Jar.

Yu Hsun.
26. Flower Basket Shaped Vase: Human Figures.

Hsun Tsong-li.
27. Rouge Colored Prunus Vase.
28. Vase: Human Figures on Blue Background.
29. Slant Cornered Vase.
30. Jar: Flowers, Deer and Storks.
31. Globe Vase: Clouds and Bats.

REPRODUCTION OF MING PORCELAIN.

Wang Teh-chang.
32. Colored Vase.
33. Palm Shaped Vase.
34. Gourd Shaped Vase.

Wang Hsun.
Awarded Silver Medal: P. P. I. E., 1915.
52. Carved Screen in Tabasheer.

CLOISONNE WORKS.

Pao Hua-leo.
53. Badge for 3rd Grade of Merit.
54. Corn Badge of 2nd Order.
55. Silver Colored Badge for 2nd Grade.
56. Corn Badge of 5th Order.
57. Tiger Badge of 1st Order.
58. Corn Badge of 2nd Order.
59. Monster Tripod in Enamelled Silver.
60. Gormand Decanter in Enamelled Silver.

Teh Hsin-chen.
61. Corn Badge of 1st Order.
62. Corn Badge of 5th Order.
63. Phoenix Badge.
64. Tiger Badge.
65. Badges of Different Styles.

CHINESE SECTION   83

Teh Hsin-chen—(Continued).
66. Set of Twelve Cups.
67. Colored Decanter.
68. One Colored Decanter.
69. Incense Burner.
70. Five Mouthed Vase.
71. Dragon-handled Sprinkling Pot.
72. Twin Sheep Eared Vessel.
73. Begonia Shaped Censer.
74. Copper Colored Hanging Pitcher.
75. Felicity Designed Censer.
76. Eight Angled Vase.
77. Dragon-handled Vase in Begonia Shape.
78. Box Designed in Triple Prosperities.
79. Dragon-handled Sprinkling Pot.
80. Imitation of Old Vase.
81. Imitation of Old Goblets.
82. Imitation of Old Vase in Pillow Shape.
83. Imitation of Old Vessels.
84. Copper Colored Censer.
85. Round Censer with Side Ears.
86. Narcissus Pot.
87. Censer with Side Ears.
88. Gourd Shaped Vase with All Flowers.
89. Double Mouthed Vase in Gourd Shape.
90. Bronze Lined Square Jar.

Teh Chang.
91. Scepters Filled with Various Gems.
92. Victim Shaped Vessel.
93. Pictured Screen: Five Relationships Inlaid.
94. Big Lions.
95. Palatial Censer.
96. Pictured Screen: Happiness and Long Life Inlaid.
97. Big Vase.
98. Screen with Inlaid Pictures.
99. Peach Adorned Globe Vase.

Yang, Tien-li.
100. Light Blue Vase.
101. Sky Blue Vase.
102. Gold Leaf Flowered Vase.
103. Fish Canister.

Lao Tien-li.
104. Rich Colored Vase.
105. Tripod: Portrait of Ancient Monarch Yao.
106. Tripod: Portrait of Ancient Monarch Shun.
107. Tripod: Portrait of the Late Empress Dowager.
108. Tripod: Portrait of President Yuen.
109. Tripod: Portrait of Vice-President Li.

LACQUER WORKS, PAINTED, MOULDED, OR CARVED.

Hsun Chun-kao—(Continued).
128. Set of Five Oval Boxes.
129. Lichee Shaped Box.
130. Lotus Seeds Plate.
131. Paper Weight in Frog Shape.
132. Pomegranate Box.
133. Paper Weight in Tortoise Shape.
134. Apple Colored Card Case.
135. Card Case in Melon Shape.
136. Copper Colored Card Case.
137. Handkerchief Box.
138. Vase with Scene Paintings.
139. Small Apple Colored Vase.
140. Sky Blue Vase: Scene Paintings.
141. Octagon Box with Paintings.
142. Rectangular Box with Paintings.
143. Round Box: Butterflies.

Lin Chin-an.
Awarded Bronze Medal: P. P. I. E., 1915.
144. Vase Painted Prunus Carved.
145. Figure: God of Longevity Riding Stork.
146. Figure: Goddess of Mercy.
147. Compartment Box.
148. Crab Weir.
149. Triple Prosperities Designed Tray.
150. Lotus Leaf Shaped Fruit Dish on Coral Color Seat.

Wang Hong-hsien.
151. Picture in Gold Embossings.

Kee Ku-kai.
152. Case in Begonia Shape.
153. Citron Box.
154. Rectangular Tray.
155. Napkin Rings.
156. Case in Begonia Shape.
157. Round Box.
158. Vase.
159. Tea Pot.
160. Tray.
161. Round Box.
162. Box in Peach Shape.
163. Square Box.
164. Big Round Box with Dragon Carved.
165. Citron Box.
166. Box in Peach Shape.
167. Vase.
168. Tray in Begonia Shape.
169. Cross Tablet in Open Book Form.
170. Deep Tray.
171. Shallow Tray.
172. Napkin Rings.
173. Screen: Pictures Incised and Filled.

Chao Yong-tsun.
Honorable Mention: P. P. I. E., 1915.
174. Box.

Teh Chang.
175. Box: To Ask the Way.
176. Hexagon Box: Chinese Character Carved.

图 13：1915 年美国巴拿马万国博览会景泰蓝参展商和参展品目录。来源：https://babel.hathitrust.org/cgi/pt?id=gri.ark:/13960/t4jm8hd0p;view=1up;seq=84;size=75

图 16：左为美国纽约布鲁克林博物馆藏品。右为晚清凸线景泰蓝福寿盘，径 28 厘米。美国古玩解读公司（Antique Reader Inc.）2013 年 9 月 15 日拍品 0352 号。

Vase"，大狮中间的一对宫廷风格的薰炉应是德成 95 号"Palatial Censer"（图和目录的对照是我根据目录和图的推断，资料中未有注明）。

再考"凸起的景泰蓝"。笔者以为"凸起"是指纹样和色釉凸起于底板，例如图 15 德成局的觚。这种风格乍看像清中期的錾胎锤鍱珐琅，但工艺有所不同：錾胎珐琅的纹样轮廓是錾刻或锤鍱形成，而"凸起的景泰蓝"的廓线是掐丝工艺。比较图 16 左边的錾胎珐琅和右边的"凸起的景泰蓝"：錾胎珐琅的纹样轮廓阔窄不匀，缺少线条的流畅感；而"凸起的景泰蓝"轮廓粗细均匀，线感明显。"凸起的景泰蓝"虽和錾胎珐琅相似，但可能更受到了俄国花丝珐琅（filigree enamel）的影响。19 世纪晚期，不但俄国的皇室向俄国珠宝匠法贝热（Яйца Фаберже）订制珐琅[4]，而且美国的富有创业者对俄国的花丝珐琅（filigree enamel）情有独钟，纽约的蒂芙尼公司（Tiffany & Co.）在 1887 年专门办了场俄国花丝珐琅的展览[5]。在这种环境下，中国的"凸起的景泰蓝"受俄国

图 15：晚清德成景泰蓝饕餮纹觚，高 35 厘米。美国卡波拍卖公司（Capo Auction）2013 年 10 月 26 日拍品 0731 号。

图17：左为1899—1908年俄国珐琅烟碟，径15.2厘米。美国夏皮罗拍卖公司（Shapiro Auctions）2012年4月29日拍品0497号。右为晚清凸线景泰蓝福寿盘，径28厘米。美国古玩解读公司（Antique Reader Inc.）2013年9月15日拍品0352号。

珐琅影响就不奇怪了。比较图17中左边俄国花丝珐琅和右边中国"凸起的景泰蓝"，俄国的花丝珐琅风格硬朗：边线金属质感强，釉色偏冷且有宝石/玻璃感。而中国的"凸起的景泰蓝"整体比较圆融，釉的粉感较强。

在一些德成景泰蓝器件的底部，贴有长方形的德成局中法双文标签（图18）。这些标签见证了德成和法国的联系。比阿特丽斯·奎特（Béatrice Quette）认为这种标签可能是为1889年或1900年巴黎国际展会而做，注明德成珐琅局的地址，用以仿伪[6]。法国为什么对中国的景泰蓝有兴趣呢？源头首先在于第二次鸦片战争。1860年，英法联军洗劫圆明园。1861年2月，法军把圆明园抢来的400件珍品呈献给欧仁妮皇后（Eugénie de Montijo），其中有景泰蓝。同年，暹罗国王遣使送给拿破仑三世48箱珍贵物品，其中也包括景泰蓝。随后，欧仁妮皇后在这两组中挑选了她喜欢的一些东西，在枫丹白露宫建立了中国博物馆。博物馆于1863年6月13日开幕，展出不少圆明园的景泰蓝（图19），引起了法国文化名流的好奇和兴趣[7]。19世纪50年代，法国感到英国世界博览会的竞争和威胁，急需外来元素用来拓展或提升品味。在"重新发现"景泰蓝前，法国的艺术家、收藏家，以及昆庭公司（Christofle）等已经在关注和仿制欧洲中世纪的錾胎珐琅或文艺复兴时期的画珐琅。1866年，昆庭聘用埃米尔·雷伯（Emile Reiber，1826—1893）负责设计。雷伯对中国景泰蓝深感兴趣，他上任后即作调整，昆庭从印度波斯风格变为制作中国和日本风格的景泰蓝。1878年雷伯离开昆庭时，景泰蓝已经成为法国上流社会室内装饰的时尚元素和装饰风格，多家公司/作坊以及艺术家，比如

图18:晚清德成景泰蓝盘,径30.5厘米。美国米查安拍卖公司(Michaan's Auctions)2011年6月20日拍品8228号。

图19:法国枫丹白露博物馆中国馆。

图 20：上为法国画家詹姆斯·迪索（James Tissot）旧藏景泰蓝盆，最宽处 53.5 厘米，法国装饰艺术博物馆（Musée des Arts Décoratifs）藏品。来源：http://collections.lesartsdecoratifs.fr/recipient-dit-jardiniere-tissot。下为法国画家詹姆斯·迪索 1880—1882 年制作的景泰蓝"湖海"盆，最宽处 62 厘米，英国皇家馆和博物馆（Royal Pavilion and Museums）藏品。来源：https://thehammocknovel.wordpress.com/2016/09/12/james-tissots-cloisonne/

费迪南德·巴贝丁（Ferdinand Barbédienne），露西安·法利兹（Lucien Falize）纷纷制作景泰蓝和互相竞争[8]。图 20 是法国画家詹姆斯·迪索（James Tissot）1870 年左右收藏的中国景泰蓝花盆以及他参照此盆于 1880—1882 年制作的景泰蓝"湖海"盆。在 1867 年法国巴黎世界博览会的前夕，有一段关于"重新发现景泰蓝"的小插曲：一位有天分的珐琅工匠，安托万·达特（Antoine Tard），在从不知道景泰蓝曾经存在的情况下，向昆庭公司的负责人展示了他自己创作的一个掐丝填釉的景泰蓝小牌（图 21）。这个"奇迹"宣告了法国景泰蓝的诞生：不是抄袭中国景泰蓝，而是重新发明了这项工艺[9]。

随着景泰蓝重新被发现以及在上流社会中受到青睐，法国不仅自己制作景泰蓝，而且还从中国和日本订制景泰蓝。德成珐琅局应势而生，从 19 世纪 70 年代到 20 世纪初，它成为中国出口珐琅的旗舰品牌。1878 年巴黎世博会上，德成展出了一对

图 21：1867 年法国安托尼·达特（Antoine Tard）制景泰蓝小牌，径 15 厘米，英国维多利亚博物馆藏品。来源：http://collections.vam.ac.uk/item/O124192/plaque-tard-antoine/

高达 2 米（6.5 英尺）的大瓶，美国人描述为"一对北京景泰蓝瓶，有红底万字纹，大花，牡丹花，以及完整的树枝，"并评论说"在过去十年中，中国和日本的商店制作了大量的很好的景泰蓝，但这次展出的景泰蓝并无新鲜和特殊之处，除了中国景泰蓝不同寻常的尺寸之外〔从上下文看不同寻常是指特别大〕。"[10] 这说明德成可能是首次在法国展出大尺寸作品，也可能是中国在世博会上关于当代景泰蓝的最早展出之一。德成做的最好是花卉。它没有清宫格式化缠枝莲的规矩森严，也没有欧式景泰蓝的高高在上，它贴近人的情感：花树整枝装饰，花有情，叶自由。图22 德成尊的花分红、白、蓝

图22：晚清德成景泰蓝花鸟纹尊，高37厘米，重3038克。

图 23：德成尊花的分色和法国国旗比较。

三色，和法国国旗的红白蓝分色相似（图 23）[11]。另德成的花卉比较写实，色彩的丰富和渐变胜于清中期的景泰蓝。同清宫廷景泰蓝相比，比庄重比华贵，宫廷品好；但若比生机比浪漫，却是德成的好（图 24，图 25）。

从 19 世纪 70 年代到清末，德成一直是中国景泰蓝的名片。但第一次世界大战期间及之后，欧洲的需求衰减，德成也随之衰弱。清末民初，老天利崛起，在 20 世纪 20 年代取代德成而成为中国景泰蓝的龙头[12]。

1   "7. Cloisonné Plate. This specimen is in absolute contrast. It is the newest type of raised cloisonné, executed by the well known firm of Te Cheng at Peking." See *China : Catalogue of the Collection of Chinese Exhibits at the Louisiana Purchase Exposition St. Louis 1904*, 222. Accessed May 15, 2019, https://babel.hathitrust.org/cgi/pt?id=hvd.32044060279387;view=1up;seq=1.

2   *Official catalogue of the Department of fine arts, Panama-Pacific International Exposition*

图 24：晚清或民国德成景泰蓝花卉纹六棱瓶，高 33 厘米，重 1978 克。

图 25：晚清德成景泰蓝麒麟纹大瓶，高 41 厘米，重 3265 克。

（*with awards*）, San Francisco, California, 1915（Wahlgreen, 1915）, 82-83. Accessed May 15, 2019, https://babel.hathitrust.org/cgi/pt?id=gri.ark:/13960/t4jm8hd0p;view=1up;seq=84;size=75.

3 See Frank Morton Todd, *The story of the exposition : being the official history of the international celebration held at San Francisco in 1915 to commemorate the discovery of the Pacific Ocean and the construction of the Panama Canal,* vol. 4（New York : Published for the Panama-Pacific International Exposition Company by G.P. Putnam, 1921）, 30. Accessed May 15, 2019, https://babel.hathitrust.org/cgi/pt?id=mdp.39015027324758;view=1up;seq=65;size=200.

4 Williams, *Enamels of the World 1700-2000*, 32.

5 同上, 34。

6 Béatrice Quette, "Inscriptions and Marks," in *Cloisonné: Chinese Enamels from the Yuan, Ming, and Qing Dynasties*（New York, New Haven, London: Bard Graduate Center, Yale University Press, 2011）, 28.

7 Odile Nouvel-Kammerer, "The Revival of Cloisonné Enamel in France at the End of the Nineteenth Century," in *Cloisonné: Chinese Enamels from the Yuan, Ming, and Qing Dynasties*（New York, New Haven, London: Bard Graduate Center, Yale University Press, 2011）, 172.

8 同上, 173—176。

9 同上, 173。

10 "The shops of China and Japan have been wonderfully prolific of cloisonné enamels in the last decade. There is nothing new or remarkable to chronicle concerning the exhibit at Paris in 1878, except perhaps the unusual size of the pieces shown in the Chinese section. For examples, there are braziers standing 3 feet high and a pair of Pekin cloisonné vases with a red ground and fret pattern, and large flowers, peonies, and branches of full size. These stood 6½ feet high, and were exhibited by Té-Tschen." See *Reports of the United States Commissioners to the Paris Universal Exhibition*, 1878, vol. 3, Iron and Steel, Ceramics and Glass, Forestry, Cotton（Washington DC: Government Printing Office, 1880）, 198. Accessed May 15, 2019, https://babel.hathitrust.org/cgi/pt?id=hvd.32044014285381;view=1up;seq=260.

11 其他国家国旗虽也有红白蓝三色，但或和景泰蓝贸易无关（比如荷兰、卢森堡），或颜色组合的顺序不同（比如俄国是白蓝红）。

12 在1928年的《北平珐琅工业近况》中，德成已不在北京珐琅作坊的清单中。见李林琳：《清末民国景泰蓝兴衰之研究》，第44—45页。

第三节
民国景泰蓝的龙头：老天利

一、老天利［上］
宝鼎炉的悬疑

存世的民国或晚清景泰蓝中，带商号款最多的就是老天利制品，分三种款式：底部的方框刻款"老天利制"、口沿或足沿单行刻款"老天利制"，以及底部的打制款"老天利制"，见图26。老天利是民国景泰蓝鼎盛时期的行业龙头[1]，在1923—1924年全年交易额15万元，雇佣工徒350多人[2]。

发表物和网评中经常出现以下关于老天利的信息：1904年老天利制作的"宝鼎炉"在美国芝加哥世界博览会荣获一等奖，1915年又在巴拿马万国博览会再获一等奖[3]。此信息的源头不易确认，或许是出自金世权老艺人1981年的口述[4]。让人起疑的原因是1904年的世界博览会是在美国圣路易斯，而不在芝加哥（芝加哥世界博览会

图26：老天利款三种。

是1893年和1933年)。虽然外国地名是次要的,但其他信息是否也有误?老天利真的在两次展会中获一等奖吗?它真的在世博会中展出过"宝鼎炉"吗?而"宝鼎炉"又是什么样子?

先探讨老天利的得奖情况。1904年的圣路易斯世博会,无论是中国官方的英文版展品目录还是马克·贝尼特(Mark Bennitt)1905年编写的《路易斯安那州购买展览的历史》(*History of the Louisiana Purchase Exposition*),都未提及老天利或者老天利的珐琅作品。而在1915年的巴拿马万国博览会美术系官方目录中,老天利(Lao Tien-li)和它的展品是列在中国景泰蓝展品的最后部分。在展品清单中,得奖的情况是用斜体字标在参展商的下一行,例如"Awarded Silver Medal: P. P. I. E., 1915"(荣获银牌奖章:P. P. I. E. 是巴拿马万国博览会的缩写,1915年)。大会的奖项分为六等:最高的是 Grand Prize(best of class),即大奖章;次高的是 Medal of Honor(95—100分),名誉奖章;第三等是 Gold Medal(85—94分),金牌奖章;第四等是 Silver Medal(75—84分),银牌奖章;第五等是 Bronze Medal(65—74分),铜牌奖章;末等是 Honor of Mention,荣誉提名,没有奖章。目录里中国展品的获奖情况如下:竹木雕类获银牌奖章2、铜牌奖章1;漆器类获银牌奖章1、铜牌奖章1、荣誉提名1;石雕类获金牌奖章1、银牌奖章3、铜牌奖章1、荣誉提名1;雕花或上色玻璃鼻烟壶类获铜牌奖章1、荣誉提名1;果核雕类获荣誉提名1;牙雕类获银牌奖章2、铜牌奖章1、荣誉提名1;画类获名誉奖章1、金牌奖章3、银牌奖章4、铜牌奖章3、荣誉提名6[5]。景泰蓝类未注明获任何奖项[6]。1916年9月8日的《奉天督军转发中国参加巴拿马万国博览会简况致奉天总商会训令》也未提及景泰蓝类得奖。另在1932年的《北平市工商业概述》第一编特品《景泰珐琅业》中,只提到景泰蓝在1904年的圣路易斯世博会得一等奖,未提到景泰蓝在1915年的巴拿马世博会得奖[7]。这和流传的老天利在1915年巴拿马万国博览会获奖相矛盾。一个可能是尽管老天利的作品在和美术系相关的美术宫展出,但它的得奖评审却不是美术系主管的。支持这个可能的论据是美术系官方目录中列出的评审会(画类、雕刻类、雕塑类)无一是包含评审中国珐琅的[8]。如果这是当时的情况,那么老天利及其他中国景泰蓝的得奖情况没有收录在美术系的官方目录中就是合乎情理的了。

综上所述,1904年美国圣路易斯世博会,目录中没有老天利参展的记录。既然没有参展,自然没有奖项。1915年美国巴拿马万国博览会,老天利作品在美术系相关的美术宫中参展,但美术系没有颁给老天利任何奖项。老天利是否在其他系或其他评审中得奖、若得的话是哪种奖有待进一步考证。

其次,老天利在世博会的展品是不是包括宝鼎炉?宝鼎炉又是什么样子?网上的信息不一:据某新闻报道,老天利世博会的宝鼎炉是图27中的右炉[9]。但右炉和中间的炉造型几乎雷同,应是同一时期作品。而中间的炉却是金世权老艺人20世纪80年代的重要作品"如意炉"[10],"在1985年被列为北京市工艺美术珍品,由中国工艺美术珍宝馆收藏"[11]。所以,图27中的右炉应也是20世纪80年代的,而非晚清或民国。图27中,右炉和中间炉的原型可能是左炉或类似左炉的制品。左炉为美国纽约布鲁克林博物馆藏品,1912年前即为美国艺术鉴赏家塞缪尔·艾弗里(Samuel P. Avery)收藏。该炉无款但品质超群、气势宏大,如果说它是老天利的早期重要作品也未尝不是个美丽的想象。

图27：左为美国纽约布鲁克林博物馆藏品，高107厘米，重38100克。中为金世权老艺人1980年代设计的"如意炉"。右为网上某文章中所载的老天利获奖作品"宝鼎炉"。

老天利在1915年巴拿马博览会中确实展出过景泰蓝炉。美术系目录中老天利参展品为："104. Rich Colored Vase"（多种色彩的花瓶），"105. Tripod: Portrait of Ancient Monarch Yao"（有尧肖像的三足炉），"106. Tripod: Portrait of Ancient Monarch Shun"（有舜肖像的三足炉），"107. Tripod: Portrait of the Late Empress Dowager"（有慈禧太后肖像的三足炉），"108. Tripod: Portrait of President Yuen"（有袁世凯总统肖像的三足炉），"109. Tripod: Portrait of Vice-President Li"（有黎元洪副总统肖像的三足炉）[12]。根据这些描述，图14美术宫中华民国展区前排五炉中的四个三足炉可能就是老天利参展的肖像三足炉（Tripod）。宝鼎炉会不会在这些炉之中呢？

二、老天利［中］
以质取胜的龙头

民国的珐琅业是个民营竞争的氛围，老天利是凭什么成为行业龙头的呢？从流传下来的实物看，原因很简单：东西好。好在哪里？对熟悉民国景泰蓝的收藏者而言，鉴别一件景泰蓝是否为老天利所作，不用看款，单看工艺和品质就有七八成把握。以下让我们通过实物和实物对比图看下老天利作品的直观特征。

一、老天利作品的首要特征是掐丝细致，见

图28。和同类的其他作坊制品比较,老天利的工细、费时,差别一目了然,见图29。

二、老天利的作品综合力度感较强:其造型和掐丝的小勾蔓弧线均饱满(图30,图31);花枝的掐丝有刚劲感(图32);口足铜镶边不但和造型吻合,而且有力(图33的左瓶)。

三、老天利的锦地掐丝工整,大小一致,不输机工的规整,但仍保留一定的手工味,比如图

图28:民国老天利景泰蓝缠枝莲纹瓶,高15厘米,重314克。

图29：掐丝精细度对比。左为民国老天利景泰蓝烟碟，径12厘米，重121克；右为民国其他作坊景泰蓝烟碟（普通质量），径12.5厘米，重122克。

34中的云纹。在机工和手工并重的20世纪初期，它能畅销欧美就不奇怪了。

四、老天利常集中表现局部：或凸显底釉的质感（图35），或用漆状的白釉凸显局部图案（图36）等。这些装饰手法的理念和传统的讲究平衡不同，它比较西化，符合当时欧美中产阶级想要凸显自己的价值取向。它没有乾隆时清宫景泰蓝浑然天成的金光贵气，也没有德成的感情互动和细腻浪漫，但它有一种自信的宣告：我的品质高于同类。

不同时期的老天利品质也有所不同。20世纪30、40年代北平沦陷时期的老天利制品总体质量有所下降。图37是同款式不同时期老天利的作品比较：左边的年份早，中和右年份晚。从花叶的布局、柔美来看，中和右显然比左好。但总体看，结合造型、釉质、边和锦地的精细度、以及款，左边的比中和右更挺拔、更沉稳。左的花叶没有中和右的亮丽，但却坚强和朴实。

最后给读者一个测试作为本小节的结束。图38中的两件，哪件是老天利的呢？[13]（答案见本节尾注13。）

图 30：民国老天利景泰蓝花卉纹瓶，高 15.5 厘米，重 316 克。

图31：民国老天利景泰蓝莲纹盒，径14厘米，重939克（包括座）。

图32：民国老天利景泰蓝雪茄盒局部图。

图33：老天利瓶和其他作坊瓶的口足镶边对比。左为晚清老天利景泰蓝花卉纹瓶，高30.5厘米，重1690克。右为民国其他作坊景泰蓝花卉纹瓶，高31.5厘米，重1376克。

图34：清末民初老天利景泰蓝龙纹海棠形洗局部图。

图35：民国老天利景泰蓝福寿纹六棱瓶局部图。

图36：晚清老天利景泰蓝花卉纹瓶局部图。

图37：左为民国老天利景泰蓝花卉纹瓶，高32.5厘米，重1485克。中和右为民国晚期老天利景泰蓝花卉纹瓶一对，各高32.5厘米，重1281克、1339克。

图38：景泰蓝龙纹洗对比图。

三、老天利［下］
与时俱进的创新者

图 39：1876 年美国费城世博会主展厅中的中国展览。
来源：*John Robinson Scrapbook,* James Duncan Phillips Library, Peabody Essex Museum, Salem, MA, USA.

让我们先回到 1876 年美国费城世博会的中国展览（图 39，图 40）。在费城世博会中，中国景泰蓝出人意料地大放光彩。费城世博会对中国展品总体的评价不高，但销售却不错。尽管美国媒体承认中国参展的进步意义，肯定古中国作为艺术的重要发源地之一，也认可中国仿制技术的高超，但他们认为中国当代制品缺乏创新，随着当代中国文化的衰落而一同衰落。《美国建筑新闻》（*American Architect and Building News*）是这样说的："中国人不学习。制品的形状、纹饰、颜色以及和早已死去的祖先用的是完全一样的。这个种族不仅失去了创造性，而且也缺少对用途和需求的认识。"[14] 这是针对中国当代制品的，而对于景泰蓝和古董陶瓷，他们的看法不同。他们认为中国景泰蓝都是珍贵的古董，因为制作景泰蓝的技术在当时已经失传了[15]。这个技术失传的信息想必是来自展方的宣传：当时景泰蓝的主打是红顶商人胡雪岩（胡光墉）的藏品，三年前曾在奥地利维也纳世博会展过，宣传为世界上最好的景泰蓝收藏。1876 年 10 月 21 日，美国波士顿《新英格兰农夫》（New England Farmer）这样报道胡雪岩和他的景泰蓝：

"[费城世博会]主展楼中的胡光墉（也称大人）藏品展览是所有国家或民族展览中最吸引人的板块之一。他是中国最杰出的人才、红顶商人、清帝国最伟大和最富有的银行家，在每一个主要城镇都有分行。作为一个中国古代重要艺术品的收藏家，他在欧洲和亚洲都享有应得的盛誉。在这次世博会中他的值得尊敬的侄子胡英定代表他参展。胡英定虽然年轻，但已有杰出的表现。他是四品蓝顶官员、聪明、受过良好教育、能熟练地说英语，是他家族和国家的骄傲。为了使美国人了解中国古代艺术，胡光墉从他的极好的博物馆中精心挑选了一些藏品，通过胡英定带到世博会参展。他的展品包括稀少的珐琅和景泰蓝制品，每件都有二百至五百年的年头；这些珐琅和景泰蓝不可能是现代做的，因为景泰蓝这门工艺在二百年前已经失传。相当数量的景泰蓝（釉料？）是用玉（非常少和珍贵的石头）制作，具体的方法许多年前已失传。一些日本当代瓷器仿品最接近地模仿中国古法，但到目前为止没有任何当代制作可和古代艺术家相比。胡光墉大人的这批（景泰蓝）展品是真正世界上最好的、最稀有的景泰蓝收藏。欣赏古代艺术之美的收藏家和爱好者不应错过这个机会和胡英定或胡英定的秘书——有礼且高效的福克斯（Fokes）先生——联系，预订所剩无几的景泰蓝……胡光墉希望他的一些景泰蓝的归宿是我们知名的科学机构——比如最好的大学或者博物馆——以供教育我国民

图40：1876年美国费城世博会中国展览中的景泰蓝和瓷器。来源：*John Robinson Scrapbook*, James Duncan Phillips Library, Peabody Essex Museum, Salem, MA, USA.

图 41：美国费城艺术博物馆在 1876 年费城世博会中向胡雪岩购买的景泰蓝镶嵌屏，高 38.2 厘米，美国费城艺术博物馆藏品。

图 42：民国老天利景泰蓝香根鸢尾纹对瓶，各高 22 厘米，重 496 克（左）、505 克（右），旧金山吉恩·卡卡塞（Jean Cacace）男爵夫人旧藏。

众，所以大学或博物馆的负责人应尽快预订，赶在私人预订之前。"[16]

图 41 是胡雪岩在费城世博会售出的景泰蓝藏品之一，当时由费城艺术博物馆购入，现仍藏于费城艺术博物馆。苏珊·韦伯（Susan Weber）在她的论文《欧美对于中国景泰蓝的接受》（The Reception of Chinese Cloisonné Enamel in Europe and America）中断此件为乾隆时期[17]，但费城艺术博物馆认为它是 19 世纪。笔者也认为是 19 世纪。不管怎样，它是当时作品还是有一定年份有待进一步考证，但当时说有二百到五百年是不可能的。费城世博会中国景泰蓝是作为不可再生、不可仿制的古董来推出的。这个策略事实证明是成功的。中国景泰蓝/珐琅类在世博会中卖的最好，销售额达中国所有物品总销售额的五分之一[18]。以下是 1876 年费城世博会九类中国物品的销售额和未售运回额统计（单位是美元）：景泰蓝/珐琅售出 11353.62，退回 2381.21；陶瓷售出

9542.63，退回898.25；丝绸售出6832.31，退回6468.67；家具售出6661.72，没有退回；漆器售出3330.82，退回283.30；牙雕售出1734.70，退回575；屏风售出1714.70，退回820；铜器售出775.30，退回1141.90；玉器售出140.05，退回1708.05。[19]

同是展览景泰蓝，对比费城展会中的胡雪岩和圣路易斯展会中的黄思永。胡雪岩销售成功而黄思永失败。但胡雪岩是把景泰蓝当作工艺已失传的古董推广的。他卖的是中国的辉煌过去，而对应辉煌过去的是当代工艺的萎缩（景泰蓝工艺完全失传）。这个自贬的视角迎合了美国当时"中国古老而落后、日本进步"的评论。不能说它没有意义，它通过展览和销售推广了景泰蓝，营造了有利于将来景泰蓝进一步扩展市场的氛围基础，但它在政治上是保守落后的。相反，黄思永全力推广工艺商局的当代景泰蓝，力求改良美国对中国的看法。工艺商局景泰蓝在展会中得的金奖便是美国开明和先进人士对中国进步的认可，四年后《旧金山纪事报》（San Francisco Chronicle）和《纽约时报》（The New York Times）仍引用工艺商局的景泰蓝制作流程，并评论工艺商局或北京制作的景泰蓝"很可能是目前制作的最高质量的景泰蓝"[20]。但大众的认可是滞后的，再加上前文提及的各种原因，所以圣路易斯展会景泰蓝销售不好。但黄思永所做的努力是有深远影响的：正是因为他播了种、发了芽，后来才会有老天利的开花和京珐的结果。

民国初期，第一次世界大战爆发，俄国十月革命，欧洲诸强实力下降。美国随即成为外贸出口中心，而出口到欧洲的一部分物品也从美国中转。19世纪后期，美国已有和当代文明密切相关的时尚的观念。美国那时的"时尚"体现在本土生、白种、中产或富有淑女消费的选择[21]。她们通过消费的选择构成了"一个想象中的团体：一个超越国家的团体使她们和欧洲的贵族圈联系起来。"[22]这个想象中的团体认为美国的纽约和欧洲的巴黎引领着最新的时尚[23]。但清末民初美国大众对中国的看法尚停留在一个古老和不变的国家。中国没有时尚，所以中国产品不是美国时尚团体消费的直接选择。但到20世纪20年代初，这种看法开始有了改变。美国的20世纪20年代被称为"咆哮的20年代"。富人一边享受股票的牛市，道琼指数从1921年到1929年涨了六倍；一边又享受税率的大幅降低。中产阶级同样振奋。一方面工资增长，另一方面批量产品的价格比如汽车、洗衣机、冰箱、收音机等下降或是在能够承受的范围，使得中产阶级能够享受新产品或者以前只有富人能够拥有的东西，生活质量大幅提升。1924年，美国的时尚杂志 Vogue（《时尚》）发表了一篇文章，通过介绍一个从上海来纽约的中国女性，将中国女性和美国女性同等对待，提出了彼此都有各自的时尚[24]。又如，1923年8月14日美国印第安纳《亨廷顿日报》提及了室内装饰的中国风[25]。再如，1924年4月8日美国《檀香山广告商报》中写道："近来时尚有种不容置疑的东方风。它不仅体现在衣服上，而且还体现在室内装饰上。"[26]而在美国20世纪20年代初期，中国景泰蓝时常被媒介宣传为中国以及东方装饰艺术中最好和最具代表性的品种。例如，美国《阿斯伯里帕克日报》（Asbury Park Press）1922年10月17日广告中说："中国景泰蓝值得流行。它是东方艺术家最精细的作品。它是东方艺术最美丽的典范。"[27]在这种大环境中，景泰蓝以及老天利的产品最终成为时尚的选择就变得可能了。图42的老天利对瓶即是旧金山的吉

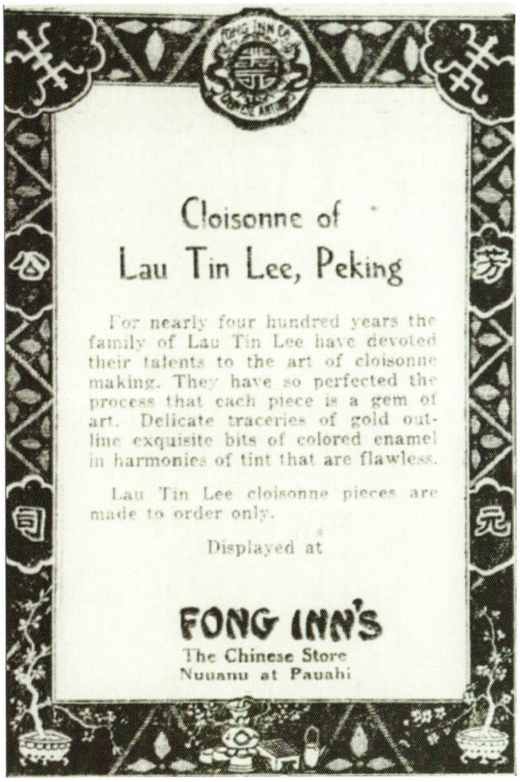

图43：《檀香山广告商报》1923年1月17日第7页芳元公司（Fong Inn Co）打的老天利广告。Accessed May 15, 2019, https://www.newspapers.com/image/274772454/.

恩·卡卡塞（Jean Cacace）男爵夫人旧藏。

美国1920年代的时局对中国景泰蓝的出口有利，但老天利的脱颖而出还和一家开在檀香山的经营中国艺术品和古玩的公司有关。这家公司成立于1899年，叫Fong Inn Co（中文名"芳元公司"），老板是广东中山人，中文名不详，英文名为Fong Inn[28]。Fong Inn 先制作夏威夷本地家具，一次偶然机会进口了些中国老刺绣和家具，立时售罄，于是开始进口中国古玩[29]。20世纪20年代初他捕捉到中国装饰风的商机，于是想把自己公司办成美国最好的中国古董和当代艺术品商店[30]。他几乎每年都和两个兄弟去广东、上海、北京采办货物，景泰蓝类他们选中了老天利，并在1937年取得了专卖权[31]。从他们1923年到1937年在《檀香山广告商报》中打的相关广告看，他们始终将老天利作为有着400年传承历史的最老和最有名的景泰蓝制作厂家推广（图43）[32]。1938年，他们在檀香山的店铺关闭，而北平于1937年沦陷，他们和老天利的业务可能也在1938年前后终止。

老天利虽有模仿清宫藏品之作，比如图44，但更多的却是贴合时代的创新。图45中老

图44：晚清或民国老天利景泰蓝饕餮纹壶，高27厘米，重1935克。

图45：清末民初老天利龙纹海棠形洗，长15厘米，重590克。

图46：左和中是民国老天利景泰蓝福寿纹六棱瓶一对，各高32厘米，左重2169克，中重2130克。右为金世权老艺人设计的景泰蓝福寿瓶，发表于《中国工艺美术大师金世权》封面和第347页。

天利的云锦地龙纹式样，虽无法证实是老天利原创，但却是晚清和民国出口景泰蓝中最畅销的纹饰之一。图46的左和中是一对老天利福寿纹瓶。这瓶首先使人一惊的是花瓣尖和蝠翅尖的漆状白釉；第二眼看到的是它挺拔有力的造型；力度感过后看质地，蓝地沉稳晶莹，觉得质感也与众不同；随后关注掐丝的细节，又发现它超于同类的细腻和精致；最后拿起瓶看底款，感觉到沉沉的分量。这类福寿纹瓶晚清民国时不止老天利做，其他作坊也有制作，后来经过金世权老艺人的继承和发展又成为中华人民共和国景泰蓝的经典式样（图46的右瓶）。

老天利的款分刻款和打制款两种，总体上刻款制品的质量比打制款的高，可能打制款的是战乱时期制作的。20世纪中后期均有老天利款的仿品，但质量明显不及老天利真品。图47是20世纪中后期粗制的老天利仿品。图48梅瓶1（左）的工艺不差，但质感和配色离老天利真品仍有距离，加上云纹是典型的1958年后金氏缠丝云（详情请见本书第三章第二节），且款现代，所以不难判定此为现代的老天利仿品。图48的梅瓶2（右）和梅瓶1（左）类似，只款不同（梅瓶2是乾隆仿款），所以它们是同一时期的现代仿古品。

民国时有名的景泰蓝作坊不只老天利，还有"从老天利分出来的"杨天利[33]（图49）、德兴成、

图 47：20 世纪中后期仿老天利款景泰蓝壶，高 11 厘米。美国罗伯特·斯拉文斯基拍卖公司（Robert Slawinski Auctioneers, Inc.）2011 年 2 月 20 日拍品 0311 号。

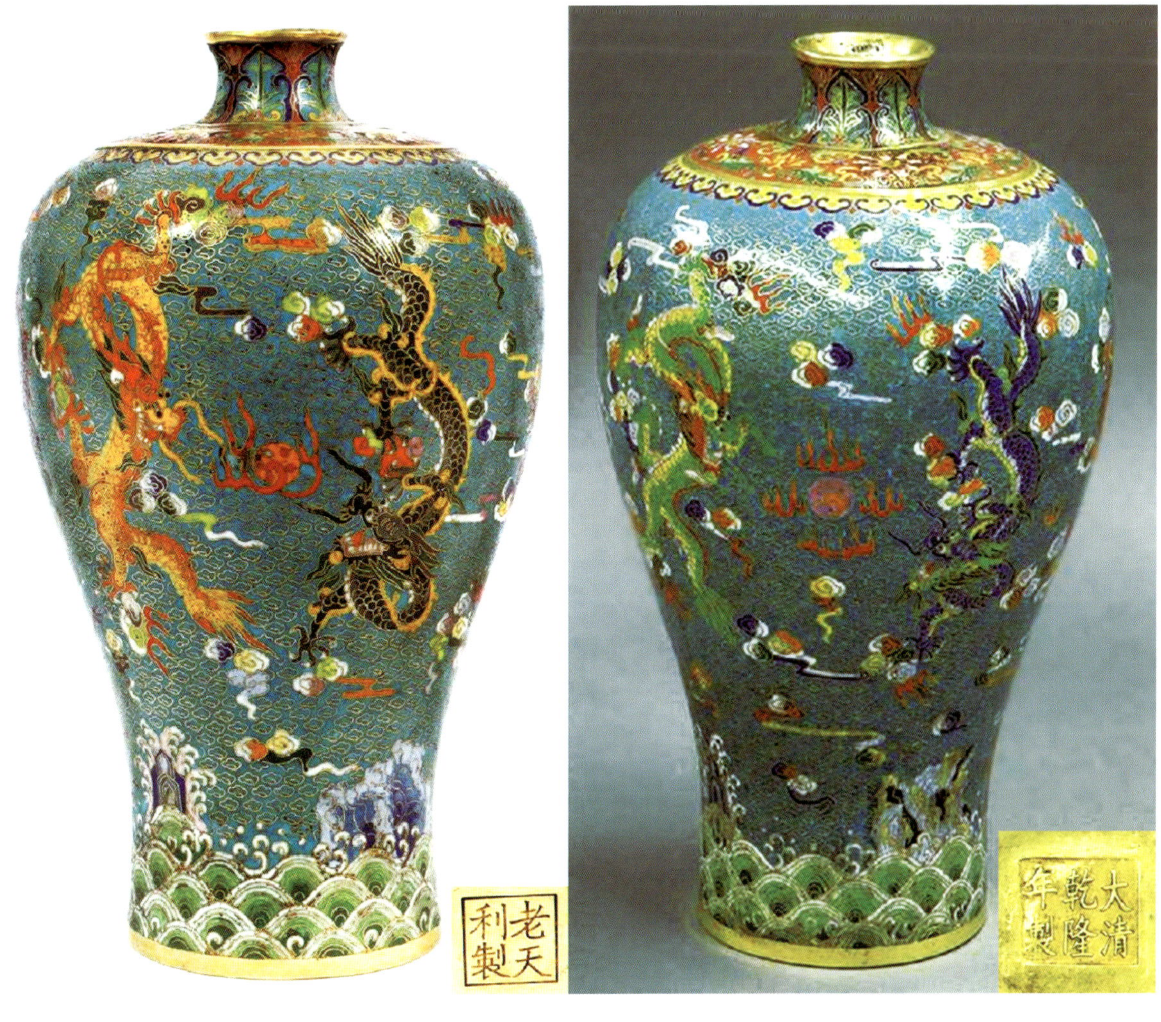

图 48：左为现代仿老天利款景泰蓝龙纹梅瓶，高 33 厘米。美国杜马凯莱拍卖公司（DuMouchelles）2018 年 6 月 17 日拍品 062349 号。右为现代景泰蓝龙纹梅瓶，高 33.5 厘米。美国克拉斯拍卖馆（Clars Auction Gallery）2014 年 10 月 12 日拍品 3030 号。

图49：上为1917年上海托马斯·库克有限公司（Thos. Cook）出版的英文版图书（*Peking and the overland route*《北京和陆路》）中的杨天利广告。来源：https://archive.org/stream/pekingoverlandro00thom#page/n207/mode/2up。中和下相片（私人藏品）出自美国第四海军陆战队B公司（4th Regiment of the United States Marine Corps, Company B）的上士摄影师米尔顿·史密斯（Milton Smith）1933—1936年的北京相片集。相片中的天义合珐琅工厂（TIEN E HO）在20世纪20年代就在北京的小报房胡同营业，1925年时称作天义合珐琅局。参见李林琳著《清末民国景泰蓝兴衰之研究》，第44页；《1925年科马克里布的中国目录》（*The Comacrib Directory of China 1925*），北京商业部分，第46页。

图50：晚清或民国德兴成景泰蓝蟠龙瓶，高29厘米，重1523克。

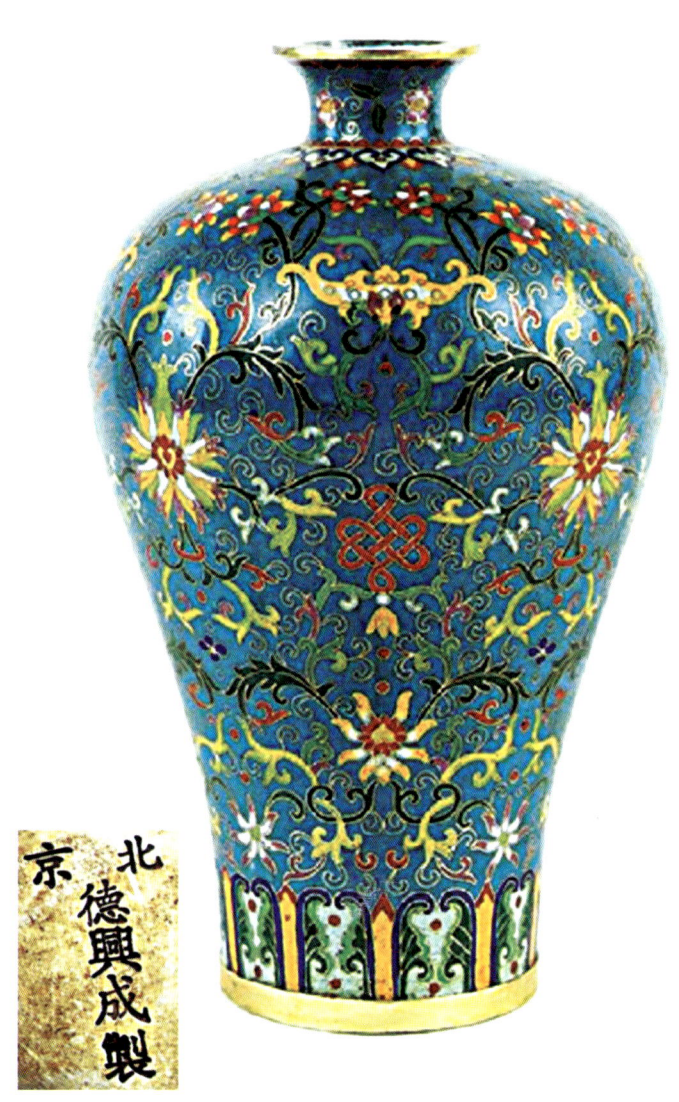

图 51：现代仿德兴成款景泰蓝梅瓶，高 27 厘米。美国苏珊宁拍卖公司（Susanin's Auctions）2018 年 3 月 22 日拍品 1993118 号。

宝华利（主要做徽章）、静远堂、志远堂、同顺堂等。它们的规模均不及老天利，但有些作坊比如德兴成开设的年代比老天利早[34]。图 50 是德兴成真品，而图 51 是现代制作的德兴成仿品。图 51 的梅瓶整体虽然工整，但细节上比如花形、蔓草、勾蔓等过于简略或变形，口和足边的鎏

图 52：民国静远堂景泰蓝九桃纹天球瓶一对，各高 26 厘米，左重 1144 克，右重 1129 克。

金偏淡偏弱，口内壁的釉不平。静远堂款（图52）比德兴成款少，但比志远堂款（图53）多。同顺堂款的景泰蓝，笔者所见为精粗两种：粗的一种多见于茶壶（见图54景泰蓝壶右件）。其款草率，工艺平平或较粗，数量较多，为20世纪中后期出口器。另一种掐丝工整、款精、年份早。图54中的景泰蓝渣斗（左）便是这类精制品，应为晚清或民国。杨天利款的笔者

图53：晚清或民国志远堂款景泰蓝渣斗，口径19厘米。美国金伯斯拍卖及财产服务公司（Kimballs Auction and Estate Services）2014年9月13日拍品830015号。

图54：左为晚清或民国同顺堂款景泰蓝渣斗，口径18厘米。美国展示场所拍卖公司（Auctions at Showplace）2012年2月15日拍品0011号。右为20世纪中后期同顺堂款景泰蓝壶，高13厘米。美国摩罗克兄弟西雅图拍卖公司（MBA Seattle Auction）2018年8月16日拍品0215号。

图 55：晚清"天利"款景泰蓝龙纹海棠形洗，高 17.5 厘米。英国尤班克拍卖公司（Ewbank's）2017 年 5 月 18 日拍品 1007 号。

未见，但曾见有"天利"款（图 55，图 56）和"京都天利局"款（图 57）。这些年份都应是晚清，不知和杨天利或老天利的前身有无关系？

从景泰蓝出口贸易数据来看，1926 年出口 106694 海关两，1927 年 148909 海关两，1928 年 163317 海关两，1929 年 223703 海关两，1930 年无数据，1931 年无数据，1932—1937 年期间最高的是 179995 海关两，最低的是 80680 海关两。[35] 这些数据和国际经济大环境相吻合。出口额最高的 1929 年正是"咆哮的二十年代"的最后狂欢，1929 年 10 月后即步入经济大萧条。政局方面 20 世纪 30 至 40 年代战事频繁，1937 年日本侵华、1941 年太平洋战争、1945 内战开启。这些战乱严重影响了人们的正常生活、商业生产和货运。1928 年 7 月《中外经济周刊》中的《调查：北平珐琅工业近况》共列出 41 家北平的珐琅作坊，以老天利为首，德兴成、杨天利排在二、三。[36] 但到了 1947 年，

图 56：晚清"天利"款景泰蓝雪茄盒，高 9.5 厘米，重 665 克。

图 57：晚清"京都天利局"款龙纹洗子，径 20 厘米。美国伊萨多尔·查伊特拍卖公司（I.M. Chait Gallery/Auctioneers）2016 年 7 月 17 日拍品 0322 号。

据《工业月刊》中的《北平的手工艺——景泰蓝》，北平一共只有 12 家珐琅作坊，老天利、德兴成、杨天利等都已经消失[37]。综合上述信息，可以得出以下结论：民国景泰蓝的黄金岁月是在 20 世纪 20 年代，这个时期的产品总体上质量最高。

回顾中国甚至于世界的景泰蓝，德成和老天利分别是晚清和民国的两座高峰。如果说德成的制品流淌着 19 世纪晚期法国上流社会的艺术和情感倾向，那么老天利的产品正适合 20 世纪 20 年代美国中产精英的家居升级：它体现精致、活力、努力换来的杰出。

1　据1932年的《北平市工商业概述》第一编特品《景泰珐琅业》第6页，"景泰珐琅业之家数，现时已入会［民国十九年成立的北平景泰珐琅同业公会］者有五十八家，中以王府井大街之老天利为较大，所设工厂规模亦较完善。" Accessed May 15, 2019, http://taiwanebook.ncl.edu.tw/ebkFiles/NCL-9910005741/NCL-9910005741F01.PDF. 又据紫云英的《你是人间四月天——林徽因传》，北京琉璃厂的一位摆摊老者对林徽因说："北京景泰蓝以老天利和中兴两厂为最大，……现在已经办不下去了。至于德兴成、天瑞堂、全兴成那几家小厂，就更加难以为继。" Accessed May 15, 2019, https://books.google.com/books?id=Z_97DwAAQBAJ&printsec=frontcover#v=onepage&q&f=false.

2　李林琳：《清末民国景泰蓝兴衰之研究》，第19页。

3　例如，《老天利老品牌重生记》，《中国文化报》2016年4月16日。

4　"下面一篇是1981年发表在《文史资料选编》上由金世权口述……的《北京景泰蓝》……1904年在美国芝加哥举办的世界博览会上荣获一等奖的就是'老天利'制作的《宝鼎炉》。" 唐克美，吴菁：《中国工艺美术大师金世权》，江苏美术出版社2011年2月1日，第362页，第368页。

5　*Official catalogue of the Department of fine arts, Panama-Pacific International Exposition (with awards)*, San Francisco, California, 1915，82-87. Accessed May 15, 2019, https://babel.hathitrust.org/cgi/pt?id=gri.ark:/13960/t4jm8hd0p;view=1up;seq=84.

6　*Official catalogue of the Department of fine arts, Panama-Pacific International Exposition (with awards)*, San Francisco, California, 1915，82-83. Accessed May 15, 2019, https://babel.hathitrust.org/cgi/pt?id=gri.ark:/13960/t4jm8hd0p;view=1up;seq=84.

7　见《北平市工商业概述》第一编特品《景泰珐琅业》第1页。Accessed May 15, 2019, http://taiwanebook.ncl.edu.tw/ebkFiles/NCL-9910005741/NCL-9910005741F01.PDF.

8　*Official catalogue of the Department of fine arts, Panama-Pacific International Exposition (with awards)*, San Francisco, California, 1915，4. Accessed May 15, 2019, https://babel.hathitrust.org/cgi/pt?id=gri.ark:/13960/t4jm8hd0p;view=1up;seq=6.

9　见 http://cs.sina.com.cn/minisite/news/201212144010.html。

10　《中国工艺美术大师金世权》，第168页。

11　《中国工艺美术大师金世权》，第167页。

12　见图13。

13　右是老天利的。

14　"The Chinese do not learn. The forms, the patterns, the colors, and the glazes brought into use, are the exact counterpart of those which have served long-dead generations. The race has lost not only the faculty of inventiveness, but the conception of its utility or possible need." Jennifer Pitman, "China's Presence at the Centennial Exhibition, Philadelphia, 1876," *Studies in the Decorative Arts* vol. 10, no. 1（Fall-Winer 2002-2003）: 52.

15　Ibid.

16 "THE CHINESE EXHIBITS. One of the most attractive displays made by any country or nation in the main Exhibition building is that of Hu Quang Yung, otherwise known as Tuen Tzen（great man）. He is a most eminent man in China, a pink-button mandarin, and the greatest and beyond all question wealthiest banker in the empire, having branches established in every principal city and town. As a collector of ancient and valuable specimens of Chinese art he has a deservedly great European and Asiatic reputation. He is represented at the Internation Exhibition by his worthy nephew, Wu Ying Ding, who, though young, has already attained great distinction. He is a mandarin of the blue button, or fourth class, is intelligent and well educated, speaking Anglo-Saxon with remarkable fluency, and is an honor alike to his relative and his nation. Hu Tuen Tzen, desiring the American people to become familiar with ancient Chinese art, has forwarded to the Exposition, in care of Wu Ying Ding, a selection from his wonderful museum. The exhibit includes rare specimens of enamelled and "Cloisonne" ware, each from 200 to 500 years old, of which there can be none new manufactured, the art having been lost nearly 200 years ago. Quite a number of the specimens of Cloisonne are made from jade, a very rare and valuable stone, the manner of using which in this class of ware has, strange to say, also been lost many years ago. The Japanese have made the nearest approach in some of their porcelain imitations to this fine old Chinese manufacture, but up to the present day no moderns can rival the ancient artists. This is really the finest and rarest collection of Cloisonne ware in existence, and collectors and lovers of the beautiful in ancient art should not miss the present opportunity of calling on Wu Ying Ding, or his courteous and efficient secretary, Mr. Fokes, and securing one of the few that are left. ... It is the intention of Hu Quang Yung to present a few specimens of Cloisonne to several of the well-known scientific institutions in this country, and it would be well for the presidents and directors of our leading colleges and museums to secure a part of this rare and valuable collection for the use of instruction of our citizens, before it is secured by private individuals." *New England Farmer*（Boston, Masschusetts）, 21 Oct 1876, Saturday, page 4.

17 Susan Weber, "The Reception of Chinese Cloisonné Enamel in Europe and America," in *Cloisonné: Chinese Enamels from the Yuan, Ming, and Qing Dynasties*（New York, New Haven, London: Bard Graduate Center, Yale University Press, 2011）, 205.

18 总销售额五万三千多美元。

19 Pitman, "China's Presence at the Centennial Exhibition, Philadelphia, 1876," 55.

20 见《旧金山纪事报》1908年1月27日第32页。Accessed May 15, 2019, https://www.newspapers.com/image/27613814/.《纽约时报》1908年1月26日第43页。Accessed May 15, 2019, https://www.newspapers.com/image/20437012/.

21 Heather Chan, "From Costume to Fashion: Visions of Chinese Modernity in Vogue Magazine, 1892—1943," *Ars Orientalis* 47（2017）: 211.

22 "American women's fashion choices were a way for them to create an imaginary transna-

tional community that linked them to aristocratic European circles." 同上，212。

23　同上。

24　同上，210。

25　美国印第安纳《亨廷顿日报》1923年8月14日第3页。Accessed May 15, 2019, https://www.newspapers.com/image/39594479/.

26　美国《檀香山广告商报》1924年4月8日第19页。Accessed May 15, 2019, https://www.newspapers.com/image/258201906/.

27　美国《阿斯伯里帕克日报》（*Asbury Park Press*）1922年10月17日第5页。Accessed May 15, 2019, https://www.newspapers.com/image/143309075/.

28　根据Fong Inn儿子Henry Inn1979年的采访录，Fong Inn的姓是Inn，中文名却不是Fong，而是Yuen Kwock。Fong是Fong Inn兄弟的名。Accessed May 15, 2019, https://evols.library.manoa.hawaii.edu/bitstream/10524/48611/1/cropped_ocr_watumullohp_Inn.pdf.

29　同上。

30　在《檀香山广告商报》1922年9月20日第7页，他们在广告中称自己的店是全美最好的中国艺术品商店。Accessed May 15, 2019, https://www.newspapers.com/image/259335598/. 据Fong Inn儿子Henry Inn1979年的采访录，他们曾和纽约著名的亚洲古玩店雅马纳克（Yamanak）竞争顾客，结果他们以价格优势胜出。Accessed May 15, 2019, https://evols.library.manoa.hawaii.edu/bitstream/10524/48611/1/cropped_ocr_watumullohp_Inn.pdf.

31　见《檀香山广告商报》1937年10月17日第26页。Accessed May 15, 2019, https://www.newspapers.com/image/265065542/.

32　同上。

33　据金世权老艺人口述，"'洋［杨］天利'是从'老天利'分出来的，'洋［杨］天利'的掌柜是'老天利'的侄子。"《中国工艺美术大师金世权》，第368页。

34　据1932年的《北平市工商业概述》第一编特品《景泰珐琅业》第6页，"景泰珐琅业之家数，现时已入会［民国十九年成立的北平景泰珐琅同业公会］者有五十八家，……，而开设之年代最早者，则有长巷上二条之德兴成、崇外茶食胡同之天瑞堂、杨梅竹斜街之全兴成等号。" Accessed May 15, 2019, http://taiwanebook.ncl.edu.tw/ebkFiles/NCL-9910005741/NCL-9910005741F01.PDF. 另据民国时德兴成和杨天利的广告，德兴成自称始于1860年左右或者1860年代（见本书第三章第四节），而杨天利始于1874年（图49）。如果老天利和杨天利同源，那么老天利也是始于1874年。

35　数据来自彭泽益：《中国近代手工业史资料》第3卷《中国67种手工业品历年出口价值统计》。见李林琳：《清末民国景泰蓝兴衰之研究》，第5页。

36　李林琳：《清末民国景泰蓝兴衰之研究》，第44页。

37　李林琳：《清末民国景泰蓝兴衰之研究》，第45页。

第四节 中国人民共和国景泰蓝：兴衰皆为强国

图 58：中华人民共和国景泰蓝饕餮纹垒，高 31 厘米。美国十号拍卖公司（Auction Ten）2010 年 3 月 6 日拍品 0080 号。

中华人民共和国成立之际，1949 年北京珐琅出口额仅为 120250 美元，占北京工艺品出口总额的 15%[1]。到 1980 年和 1981 年，景泰蓝出口均为每年 1000 多万美元，几乎是 1949 年的百倍，占全国外贸出口总额的千分之零点五[2]。是什么促成了中华人民共和国景泰蓝出口的高速发展？到了 1990 年代后，景泰蓝外销逐渐衰退，终至 2000 年代北京工艺美术厂的破产。又是什么导致了商品景泰蓝的衰败？

共和国成立后的经济建设以重工业为中心，建设急需的橡胶、化肥、钢材、设备等需要进口，但外汇缺乏。当时传统工艺美术品较易换汇，所以国家扶植和复兴工艺美术。1949 年 8 月 31 日，北平市人民政府工商局邀请北平市特种手工艺联合会、进出口商等代表以及费孝通、梁思成、王世襄、林徽因、徐悲鸿等专家座谈。1950 年，北京特种工艺公司成立，并由梁思成先生建立了景泰蓝创作研究小组和实验工厂。为重振景泰蓝，美术家和高校美术相关专业的师生参与景泰蓝图案的设计，以造型为第一位，其次是颜色光泽，最后才是花纹[3]。除了美术家的参与，国家还召回民国改行的景泰蓝老艺人。1952年12月，北京第一珐琅合作社成立，吸纳离开行业的景泰蓝老艺人。1954年和1956年，北京第二珐琅合作社和第三珐琅生产合作社分别成立。1958年，第一、第二、第三珐琅生产合作社合并成北京景泰蓝厂。为方便外宾参观所有的工艺美术品种，景泰蓝厂在1960年改建为北京工艺美术厂。工艺美术厂当时有景泰蓝老艺人金世权、乔德富、秦淮森、张殿鸿、崔仪亭等。在国家的器重和鼓励下，老艺人们不但辛勤工作，而且还培养了优秀的艺徒[4]。此外，1956年由42个私营小作坊联合成立了公私合营珐琅厂。1958年，公私合营珐琅厂和景泰蓝实验厂合并为北京珐琅厂，其"京珐"品牌成为20世纪中后期中国景泰蓝最高质量的标志（图58）。

中华人民共和国景泰蓝的定位是出口商品（1990年代前）和中高档礼品（包括国家礼品），大致可分为四个阶段：第一阶段恢复期，1949年到1960年代前期中苏关系破裂；第二阶段发展创新期，从1960年代中期到1978年；第三阶段鼎盛期，从1979年到1993年；第四阶段衰退期，1994年以后。

在1950年代的恢复期中，景泰蓝的出口主要是来自苏联和东欧社会主义国家的订单。由于是按订单制作，这个时期的制品多是沿袭明清风格。除了国家的支持和艺人们的努力，笔者认为这期间特别值得一提的是1950—1953年抗美援朝的胜利。正是因为抗美援朝提升了中国在国际中的威望，中国的出口产品才会被看重，从而刺激了生产发展。抗美援朝期间，1952年的北京景泰蓝生产总值只有41686元，但到了抗美援朝结束后的1957年，北京景泰蓝生产总值已有2065778元[5]，5年增加了50倍。

到1960年代初，中苏关系恶化、破裂，外贸订单大为减少，所以当时考虑开发内销市场。由于内销市场是引领消费，所以可根据当时社会风貌自行设计题材，而不用依照订单的指定样式。从1960年代起，创新和发展纷纷涌现，有对传统式样和图案的发展，更有符合当时社会政治风貌的创新品，例如金世权老艺人（北京工艺美术厂）设计的"人民公社好"景泰蓝[6]，张同禄（北京工艺美术厂）设计的蝶花瓶（图59）和钢花瓶（图60），图61的景泰蓝瓜形罐。这个时期的创新器物充满着朝气，有着任何其他时期的景泰蓝都没有的精神面貌！

1979年1月1日，中美建交，景泰蓝出口开拓了新市场。1980年代是景泰蓝出口的顶峰：从1980年到1989年，北京珐琅厂累计出口1.2亿元景泰蓝产品。1981年全国工艺美术大赛，珐琅厂钱美华设计的周其垒（图62）获得百花奖金杯。钱美华设计的天文盘（图63）在1989年被选作国礼[7]。1950年代后景泰蓝在工艺上比较显著的改良是消除了砂眼[8]，用模具制云头等锦地[9]。此外，掐丝运用长线条（图64），表达工笔写实的精谨。景泰蓝在外贸中的佳绩固然是因为工艺的精良，但真正托起它的却是共和国积聚的一股精神：从抗美援朝、研制原子弹到锐意改革的自强、爱国、牺牲精神！

1980年代的改革开放开启了中国发展的新篇章。外贸创汇已成过去，低端制造业、劳动密集型产业的"世界工厂"，"加工基地"正在酝酿和形成中。伴随新发展的是人民币的持续贬值，从1981年的1美元：1.70人民币贬至1993年底的1美元：5.81人民币。1994年1月1日取消了

图 59：20 世纪 70 至 80 年代景泰蓝蝶花瓶一对，各高 32 厘米（连座），左重 1365 克，右重 1382 克。

图60：20世纪70年代景泰蓝钢花瓶一对，各高24厘米。美国国际古玩和艺术品拍卖公司（Antiques & Art International）2018年1月15日拍品0045号。

人民币汇率双轨制，汇率从1美元：5.81人民币一下子跳到1美元：8.72人民币，人民币一下子贬值了33%。汇率的大幅走低对景泰蓝这类奢侈品、中高档礼品是有负面影响的。汇率低了、价格便宜了，对于必需品来说能够增加销量，但对于景泰蓝这种奢侈品最多只能短期促销，但长期却是影响了景泰蓝作为奢侈品、中高档品的声誉。如果一种奢侈品长期不断地跌价，买家就可能先是观望，最终退出。因为奢侈品是以其高价值和稀罕性来体现拥有者的身价，但若价值一贬再贬，它就不是奢侈品了。另一方面，被景泰蓝的外贸增长所鼓动，一些小厂和企业纷纷加入生产景泰蓝的行业，和大厂争夺订单，以分享增长。殊不知，正是在劲头最旺的时刻，行业拐点已经来临。1994年人民币双轨制取消，外国来访者不再受到只能去友谊商店用兑换卷买礼品的限制，购物的选择面一下子增大，景泰蓝见得多了，自然也不会觉得这种礼品有什么稀罕了。

1990年代景泰蓝的外贸走低后，厂商力图开拓国内市场，把景泰蓝作为一项旅游产品开发。但是相对于国内当时的收入，景泰蓝的价格偏高，加上它在旅游景点处处可见，销售结

图 61：20 世纪 70 年代景泰蓝瓜形罐，高 15 厘米，重 566 克。

图62：20世纪80年代景泰蓝周其垒，高36厘米。美国伊萨多尔·查伊特拍卖公司（I.M. Chait Gallery/Auctioneers）2015年11月8日拍品0224号。

图 63：20 世纪 80 年代末景泰蓝天文大盘，径 64 厘米。此盘应为当时友谊商店销售的同国礼盘同款的作品。

图 64：20 世纪 70 至 80 年代景泰蓝飞天像盘，径 16 厘米，重 271 克。

果可想而知：有多少人会出高价买个不稀罕不实用的玩艺呢？时至今日，景泰蓝作为旅游产品已深入人心，大家很难想象它曾是帝王专用的奢侈品，很难相信它仍有较高的工艺价值和收藏趣味。

中华人民共和国景泰蓝的看点是朝气和大国的底气（图65）。它的兴衰皆和政治以及社会的发展密切相关。它并不稀罕，但它见证和凝聚了两代人的自强和牺牲精神，在迷茫和困难时鼓励着我们。

图65：20世纪80年代末90年代初景泰蓝天文大瓶一对，各高52厘米，左重5934克，右重6081克。

1　李林琳：《清末民国景泰蓝兴衰之研究》，第46页。

2　1980年中国出口总额为181.2亿美元，1981年出口总额为来220.1亿美元。

3　"创作中要将形体作为第一位的、首要的因素加以考虑。其次是颜色光泽，最后才是花纹。"《中国工艺美术大师金世权》，第77页。

4　《中国工艺美术大师金世权》，第75—79页。

5　《中国工艺美术大师金世权》，第79页。

6　《中国工艺美术大师金世权》，第102页。

7　唐克美，吴南：《中国工艺美术大师钱美华》，江苏美术出版社2013年4月1日，第60—61页。

8　形成砂眼的主因之一是底胎不够干净。20世纪中后期景泰蓝在点蓝前用酸洗胎，有效减少了砂眼。

9　请看本书第三章第二节的讨论。

贰

第二章

金气彩质时代情：景泰蓝的工艺和种类

第一节 景泰蓝的工艺

图66：第一排为中华人民共和国景泰蓝瓶，瓶高7.5厘米。私人藏品。第二排为1980年10月26日美国《洛杉矶时报》（The Los Angeles Times）第602页中的中国景泰蓝工艺流程示意图。图片来源：https://www.newspapers.com/image/387144462/

景泰蓝的工艺流程大致分四个步骤：一是制胎。晚清和民国是手工敲制，胎体要厚薄均匀，否则烧制时会因胎厚薄不均膨胀不同而使釉崩裂。中华人民共和国制品较多模具冲压成型，但不规则的造型或者大型器件仍需要手工制作。二是掐丝和粘丝。即是用扁丝弯成图案的边缘轮廓线，然后粘到胎体以及用焊药烧牢。三是点蓝和烧蓝。点蓝即上色：在掐丝胎体清洗后，将釉料倒入或灌入相关区间。上完色烧制，将釉料固定在胎体，即是烧蓝。由于釉料烧后会收缩，而第一次点蓝时釉料不能高于丝（否则釉会流淌导致串色），所以第一次烧后釉料会低于丝，于是要再点再烧，直至完美。第二次再烧叫二火，第三次三火，以此类推。四是打磨和鎏金。烧完后釉料要错平，铜丝要均匀露出，再磋磨光滑。最后将铜丝及口耳足镀金/银/铜。图66展示不同阶段中的制品，第一排的八个瓶分别是胎、上丝、头火、二火、三火、打磨1（错平整）、打磨2（磋磨光滑）、镀金后成品。

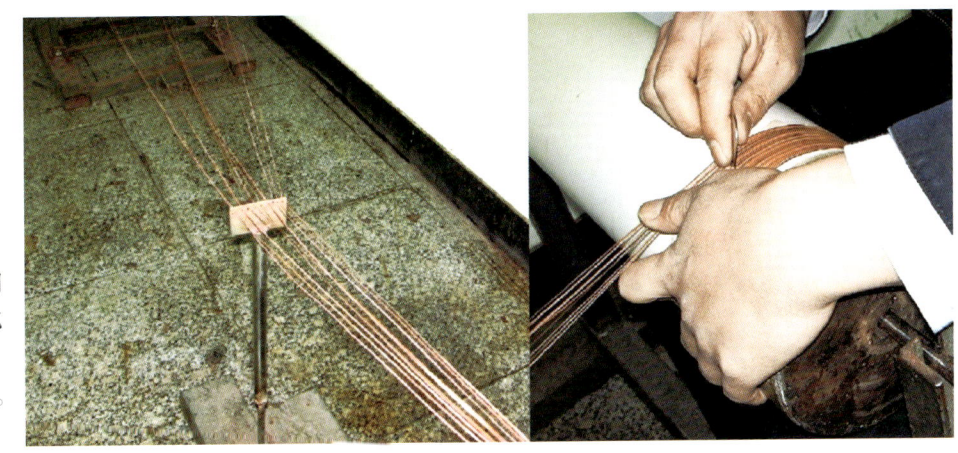

图 67：膘丝机。图片来源：《中国工艺美术大师金世权》，第 146 页，第 148 页。

图 68：膘好的丝组和弯丝工具。图片来源：《中国工艺美术大师金世权》，第 156 页，167 页。

根据民国三十八年（1949）4 月 12 日的《北平市景泰蓝（珐琅）业调查报告》，以制作一对 7 寸景泰蓝瓶为例，打胎一对需要一个工人一天的时间（曹志作坊），掐丝需要一个工人两天的时间（刘继常作坊），点蓝烧蓝需要一个工人一天半（每天工作约 10 小时）的时间（天德祥作坊），镀金/银/铜工时较少（根据国民党工商部工业试验所珐琅研究室，镀铜只占总工时的 0.6%）[1]。这样算来，1949 年一个工人制作一对 7 寸瓶，大约需要 5 天的时间。

工艺细节中值得一题的是膘丝掰花工艺。为了节省工时，尺寸一样、规律化的图案可以统一制作。具体方法是先将铜丝合并，然后把合并的铜丝组窝成所需的图样，最后再把铜丝分开。将铜丝合并叫膘丝，通常是 6 至 10 根铜丝用猪肉膘粘在一起。以前是全手工做，到 1958 年研制出了提高效率的膘丝机，见图 67。丝组切成合适长度后，用工具弯成所需的花样，最后把丝组掰开成单丝，这个过程叫掰花，图 68 是膘好的丝组和辅助工具。在把弯好的丝组分开成单丝时，

77

多少会造成花样变形，所以在粘贴胎体前还需要整形。这个分丝变形的问题是导致金世权老艺人发明"缠绕丝法"的原因之一，见第三章第二节。一件作品中，膘丝或绕丝的地方越少，所费的工时就越多。

景泰蓝大多数都有锦地（主纹外满地分布的底纹，图69）。除了美观和层次感之外，锦地的主要功能是防止工艺上的缺陷——"崩蓝"。崩蓝是指釉面的裂纹。以前在烧制无锦地的景泰蓝中，发现这样一个现象：有图案的地方崩蓝少，而在大面积底色的地方崩蓝多。撇开其他复杂的技术原因，大家把崩蓝和施釉面积对应起来，总结出一个简单的规律：施釉面积越小，崩蓝就越少；施釉面积小到一定范围，一般情况下就没有崩蓝了。于是，加锦地——主纹外加上重复的格式化花纹——就成为防止底子崩蓝的有效手段。而在审美上，锦地衬托着主纹，使得器物更显华贵。

景泰蓝一般是镀金，但也有镀铜和镀银的。据1949年《北平市景泰蓝（珐琅）业调查报告》，天华电镀作坊镀一对7寸瓶，镀金要210元，镀铜40元，镀铜20元。而一对镀铜的7寸瓶总成本是1300元[2]。图70是局部（烟槽）镀铜的民国老天利烟碟。图71是镀银的晚清景泰蓝瓶。

图70：民国老天利景泰蓝烟碟，径12厘米，重121克。

图69：晚清景泰蓝花卉纹洗子口瓶锦地。

1　李林琳：《清末民国景泰蓝兴衰之研究》，第47—49页。

2　李林琳：《清末民国景泰蓝兴衰之研究》，第49页。

图71：晚清景泰蓝镀银瓶，高23厘米。

第二节 景泰蓝的种类

图 72：民国景泰蓝茶具一组（少托盘），尺寸不一。

民国二十一年的《北平市工商业概况》云："景泰珐琅器皿之种类，约有三百余种，以瓶为最多。此外如壶如炉如尊，尺码颇有大者。普通用具，则杯与碗及烟碟茶盘蜡台纸烟架挂衣钩，水烟袋套，手杖头等。形式花样，层出不穷，可随时由顾主定制。"[1] 到了中华人民共和国，景泰蓝飞速发展，仅"京珐"品牌产品就有两千多个品种[2]。

从用途上来分，景泰珐琅可分成三类：一是徽章类，二是实用类，三是摆设类。珐琅徽章严格说并非景泰蓝，因为徽章是压制成型，和景泰蓝的掐丝工艺不同，所以不属于本书讨论的范围。实用类的景泰蓝也许没有被使用，但只要它有实用功能，即可归入此类。图 72 是民国景泰蓝茶具一组，包括壶、杯碟、奶罐、糖罐（双柄）、渣筒（带盖的），但少托盘。此类组具中渣筒非必需品，其他均为标准组件。图 73 和图 74 是晚清及民国的鸦片烟具。图 73 这类成套的较少见，它的纹饰主要是两类：花卉纹和博古纹。许多还有蝠寿纹（比如盘底、盒底）。这些花纹很花哨，可能也有辅助药品效用的功能。如果将此类博古纹看作是文房用具的话，那就违背物件的本来面目了。图 74 是民国鸦片烟具一套，较多见。图 75 为晚清/民国老天利景泰蓝圆型雪茄盒两个，

图73：晚清/民国景泰蓝鸦片烟具一组，尺寸不一。法国巴黎罗浮宫古董中心区（Le Louvre des Antiquaires）藏品。来源：www.artbahrain.org/archives/sept2011/artguide_museum_Opium_Memories_le_louvre_paris_sept.php

图74：民国景泰蓝鸦片烟具一套，长28厘米。美国史蒂文艺术品和古玩拍卖公司（Steven's Art & Antiques）2016年12月10日拍品0078号。

图75：民国老天利景泰蓝雪茄盒两个。左高10厘米，重696克。右高8.5厘米，重461克。

图76：民国景泰蓝火柴套等，尺寸不一。左和中是一套中的，但少底座。

图77：晚清景泰蓝水烟袋，高36厘米。

图78：晚清景泰蓝鸟食罐四个，尺寸不一。

胎体较重。烟盒有圆形、长方形、扁形多种。当时香烟是时尚，故用考究的烟盒来显示身份。图76是火柴套等。图77是晚清景泰蓝水烟袋，其吸管、烟管、水斗为景泰蓝满工，不常见。少烟仓和镊子配件。图78是晚清景泰蓝鸟食罐，工艺较精。图79左是晚清带扣，右是由晚清或民国景泰蓝带扣改制的花盆。左带扣造型别致，同类的见故宫博物院"故117134 掐丝珐琅花卉纹带扣"[3]。图80为20世纪早期的墨水盒，中间那个是民国出口的景泰蓝天坛式样墨水盒。左右分别为法国制作和日本制作。图81是民国景泰蓝瑞兔衔芝烛台。图82是晚清景泰蓝龙灯具。图

图79：左为晚清景泰蓝带扣，长7.5厘米。右为景泰蓝带扣改制的花盆，长18.5厘米，重635克。

图81：民国景泰蓝瑞兔衔芝烛台，高18厘米，重831克。

图82：晚清景泰蓝龙灯具，长48厘米。

图80：20世纪早期墨水盒三个，尺寸不一。中间的是民国景泰蓝，左、右分别为日本、法国制品。

图 83：晚清景泰蓝香根鸢尾纹火锅，径 23 厘米，重 1528 克。

图84：晚清景泰蓝主教用洗手壶，高29厘米，重1296克。

83为晚清景泰蓝火锅，比较少见。图84是晚清景泰蓝主教用洗手壶，造型西式。黄思永、黄中慧的北京工艺商局在主教洗手壶基础上做了改进，创制新式水壶：工艺商局借鉴清宫明清花浇的造型（图85左），把壶体改成花浇型，但保留龙柄，见图9，图85右。其后这款水壶成为晚清和民国出口景泰蓝的经典款式。

摆设类最常见的品种之一是洗子[4]，纹饰以龙纹最多，其次为花卉纹。图86是晚清或民国景泰蓝红底龙纹洗子两件。图87和图88是不同

图85：左为清雍正青花菊瓣纹花浇，高31厘米。台湾故宫藏品。来源：http://catalog.digitalarchives.tw/item/00/59/d2/3c.html。右为晚清/民国景泰蓝水壶，高30厘米。波兰索伯特拍卖公司（Sopocki Dom Aukcyjny）2013年4月28日拍品0132号。

图 86：晚清景泰蓝龙纹洗子两个，径 20 厘米、15.5 厘米，重 1014 克、559 克。

图 87：晚清老天利景泰蓝花卉纹梅瓶，高 19 厘米，重 489 克。

图 88：晚清或民国老天利景泰蓝花鸟纹梅瓶，高 30.5 厘米，重 1636 克。

图89：民国景泰蓝盖碗瓶一对，各高19厘米，分别重707克、693克。

图91：老天利龙纹和花卉纹盖碗小瓶两个。左高9厘米，重96克，民国，私人藏品。右高9.5厘米，晚清，钟文革藏品。

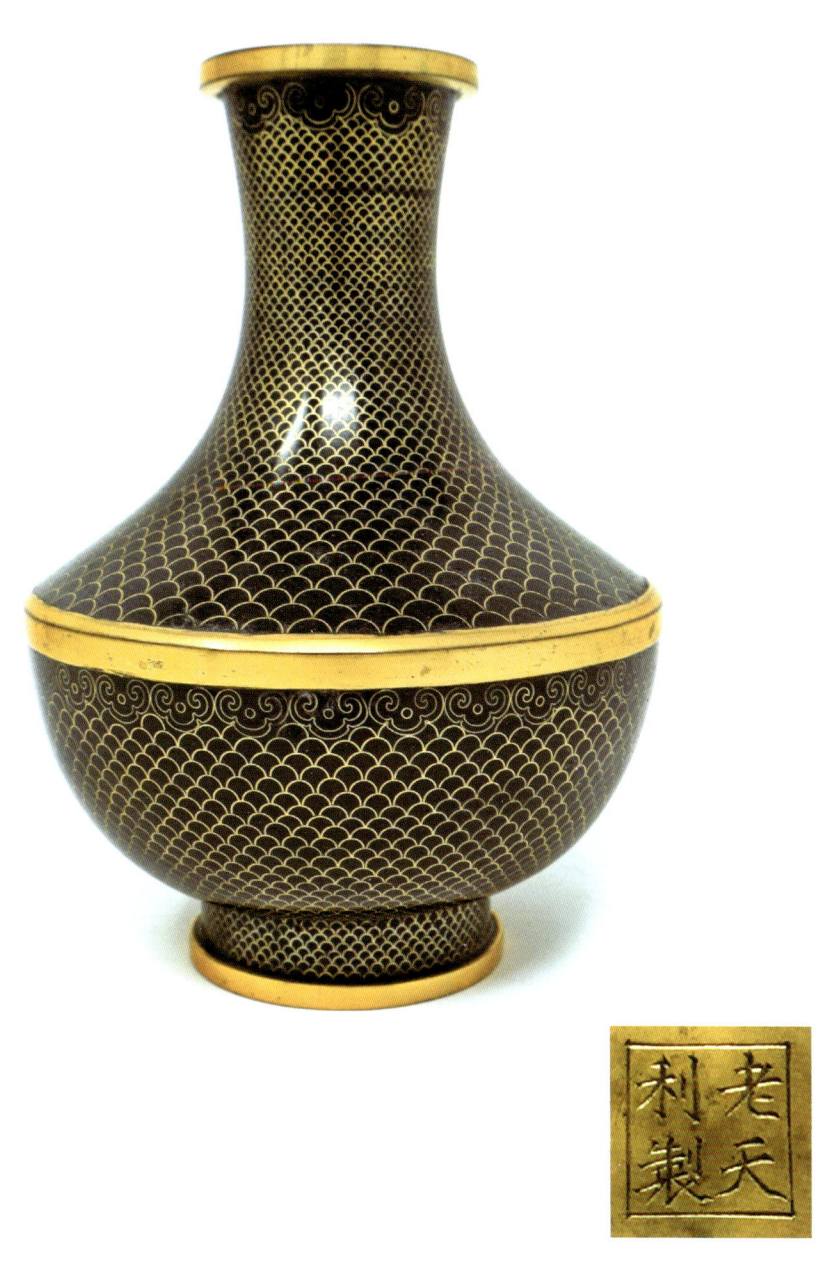

图 90：民国老天利景泰蓝鱼鳞纹盖碗瓶，高 15 厘米，重 527 克。

式样的晚清或民国景泰蓝梅瓶，均为老天利早期作品。图 89 是民国景泰蓝瓶一对。这类器型的名称是"盖碗瓶"，在 1904 年圣路易斯世博会目录中为"Kai-wan Vases"，工艺商局当时展出 22 个[5]。图 90 是民国老天利鱼鳞纹盖碗瓶。图 91 是老天利龙纹和花卉纹盖碗小瓶两个，从造型和纹饰来看，右比左精神。右应为晚清，而左是 1930、1940 年代的。图 92 是晚清景泰蓝花

图 92：晚清景泰蓝花卉纹六角形小瓶，高 11 厘米，重 146 克。

图 93：民国景泰蓝油锤瓶两个。左高 25 厘米，重 550 克，私人藏品。右高 25 厘米，美国布加德拍卖公司（Burchard Galleries Inc）2015 年 1 月 25 日拍品 1528 号。

图 94：民国景泰蓝兽耳瓶，高 23 厘米，重 917 克。

图 95：晚清景泰蓝花卉纹洗子口瓶，高 23 厘米，重 868 克。

图 96：晚清/民国景泰蓝福寿纹六棱瓶，高 26 厘米，重 1239 克。

卉纹六角形小瓶。六角形瓶和方形瓶相对较少，工艺商局在圣路易斯世博会中分别展出 4 个和 6 个[6]。图 93 的两瓶长颈圆腹，旧称"油锤瓶"[7]，仿自康熙瓷器式样。这种器型较为雅致，所以瓶的纹饰花样不应过大或过分复杂，而用简单重复的鱼鳞纹、西式花卉纹比较合适。图 94 是民国景泰蓝兽耳瓶。图 95 为晚清景泰蓝花卉纹洗子口瓶，造型敦厚，釉色明净[8]。图 96 是晚清或民国景泰蓝福寿纹六棱瓶，这种器型也称瓜棱瓶。图 97 是晚清景泰蓝转心瓶。转心瓶是瓶类的高档品种，工艺商局在圣路易斯世博会中共展出景泰蓝转心瓶六个，包括一

图 97：晚清景泰蓝转心瓶，高 32 厘米。民国时的《北京老天利景泰珐琅货物表》共列 358 类景泰珐琅制品或者不同尺寸的同类品，其中转心瓶就一类一个尺寸（"第 38 类一只转心瓶"）。该尺寸即图中瓶之高度。

个乾隆的和五个当代的[9]。图 98 是晚清景泰蓝壁瓶（也称轿瓶、挂瓶）一组。壁瓶为中式，可插花，用来装饰墙壁或竖直平面，不多见。乾隆喜壁瓶，有多首咏壁瓶的诗，比如 1742 年所作《咏挂瓶》："官汝称名品，新瓶制更嘉。随行供啸咏，沿路撷芳华。挂处轻车称，簪来野卉斜。红尘安得近，香籁度帷纱。"图 99 是晚清景泰蓝酒壶，缺盖。图 100 是民国景泰蓝僧帽壶。图 101 是是民国景泰蓝香炉，仿古夔凤纹。图 102 是晚清景泰蓝花苞形盆，用于西式厅房陈设。图 103 是 20 世纪中后期景泰蓝牛头人身摆设。

图 98：晚清景泰蓝壁瓶一组。上排各高 18.5 厘米，中排各高 15.3 厘米，下排各高 22 厘米。

图 99：晚清景泰蓝花卉纹酒壶，高 15.5 厘米，重 340 克。

图 100：民国景泰蓝僧帽壶，高 30 厘米，重 2116 克。

图101：民国景泰蓝夔凤纹炉，耳到耳12.5厘米，重530克。

图102：晚清景泰蓝花鸟纹花苞形盆，高21厘米，重2712克。

图 103

图103：20世纪中后期景泰蓝牛头人身摆设，高36.5厘米，重1804克。

1 《北平市工商业概况》，第3页。Accessed May 15, 2019, http://taiwanebook.ncl.edu.tw/ebkFiles/NCL-9910005741/NCL-9910005741F01.PDF.

2 《珐琅厂及京珐景泰蓝的发展变迁》，《时代经贸》2010年6月总171期，第33页。

3 张丽：《故宫博物院藏品大系·珐琅器编·4·清掐丝珐琅》，安徽美术出版社2011年，第368页。

4 比如1925年的北京西什库天主教堂主编《珐琅祭器样子》提及"烧蓝大洗子"。见李林琳：《清末民国景泰蓝兴衰之研究》，第39页。

5 *China : Catalogue of the Collection of Chinese Exhibits at the Louisiana Purchase Exposition St. Louis 1904*, 55. Accessed May 15, 2019, https://babel.hathitrust.org/cgi/pt?id=hvd.32044060279387;view=1up;seq=1.

6 同上。

7 比如1925年的北京西什库天主教堂主编《珐琅祭器样子》提及"烧蓝大油锤瓶"。见李林琳：《清末民国景泰蓝兴衰之研究》，第43页。

8 故宫博物院藏品中有造型类似的。见张丽：《故宫博物院藏品大系·珐琅器编·4·清掐丝珐琅》，第269页"故117092掐丝珐琅牡丹凤纹瓶"。

9 *China : Catalogue of the Collection of Chinese Exhibits at the Louisiana Purchase Exposition St. Louis 1904*, 54-55. Accessed May 15, 2019, https://babel.hathitrust.org/cgi/pt?id=hvd.32044060279387;view=1up;seq=1.

第三节 景泰蓝的纹饰

图 104：晚清景泰蓝龙纹盘，径 25.5 厘米，重 1007 克。

景泰蓝的纹饰极其丰富。本节仅对最常见的主纹略作涉及。晚清和民国出口景泰蓝最多的是两类纹饰：1.龙纹，2.西式花卉纹。其他的常见纹饰有：3.传统花卉纹，4.动物人物纹，5.仿古博古纹。

龙在明清是皇权的象征，所以庄重肃穆。但晚清国家和皇权衰退，晚清龙虽仍有威势，但时有力不从心之感。图104为景泰蓝龙纹盘，花边不寻常，是晚清出口精品。图105是民国初期景泰蓝龙纹盒。这个时期的龙虽然工整，但缺少活力和气势。到了民国晚期，龙的封建皇权含义淡化，但吉祥寓意不减。图106景泰蓝炉身龙纹是常见的民国晚期龙造型，龙头细节比早先简略，如同卡通式的萌龙。共和国的龙纹四平八稳，不引发感情互动。

除了龙纹外，西式花卉纹是晚清和民国出口景泰蓝最常见的纹饰之一，见图107，图108，图109。这种西式花卉纹的原型是法国国

图 105：民国初期景泰蓝龙纹盒两个，分别长 11.5 厘米、16.5 厘米，重 1072 克、524 克。

图 106：民国晚期景泰蓝龙纹炉，高 22 厘米，重 543 克。

图 107：民国早期景泰蓝瓶一对，各高 18 厘米，重 362 克、333 克，可能为北洋政府礼品。

图108：民国景泰蓝香根鸢尾纹洗，径20.5厘米，重959克。

图109：民国景泰蓝香根鸢尾纹瓶一对，各高22厘米，重660克、642克。

图 111：凡高 1889 年作品"鸢尾花"。

花 fleur-de-lis，即香根鸢尾（图 110）。传说中法兰西王国的第一位国王克洛维（Clovis）受洗礼时得香根鸢尾，花三瓣象征圣父、圣子、圣灵三位一体。凡高 1889 年"鸢尾花"（图 111）火土中独枝圣白向着紫蓝群。Fleur-de-lis 在 19 世纪欧洲珐琅中很流行，比如图 112 的俄国 1896—1908 银胎鎏金珐琅碗。中国景泰蓝的西式花卉纹（香根鸢尾纹）结合了欧式珐琅花样和本土特点，把中国化的香根鸢尾配以传统卷云式的勾蔓地纹（图 113）。以下我们称西式花卉纹为香根鸢尾纹。

有一种精细的景泰蓝花卉纹以前常被认作是日本制品或是伊斯兰花卉纹，比如图 114 胆瓶腹部、图 115 瓶身的花卉纹。但这种不是日本的，因为有些同式缠枝但叶纹略晚的制品底部有"China"出口款，见图 116。从图 114 胆瓶的三瓣小花、三瓣绿萼来看，我认为她是香根鸢尾纹的另一种格式，和伊斯兰关系也不大（配

图 110：Fleur-de-lis（香根鸢尾）真花和符号。

图 112：俄国 1896—1908 年银胎鎏金珐琅碗，高 8.5 厘米。丹麦布鲁恩·拉斯穆森拍卖公司（Bruun Rasmussen Auctioneers）2017 年 12 月 1 日拍品 0844 号。

图113：民国景泰蓝香根鸢尾纹瓶局部。

图 114：晚清或民国景泰蓝香根鸢尾纹胆瓶两个，各高 15 厘米，分别重 171 克、190 克。

图 115：民国景泰蓝香根鸢尾纹瓶，高 22.5 厘米，重 797 克。

图 116：民国景泰蓝花卉纹罐，高 18 厘米。美国兰斯顿拍卖有限公司（Auctions By B. Langston, LLC）2012 年 7 月 29 日拍品 0211 号。

图117：民国老天利景泰蓝香根鸢尾纹瓶局部。

色亦不同）。此外，香根鸢尾纹还有一种更简化的格式，见图117，可能在民国1930，1940年代较为流行。

传统花卉纹包括竹纹（图118）、秋海棠（图119）、莲纹（图120）、梅花纹（图121）、紫金牛纹（图122）、菊花纹（图123）、牡丹纹（图124）、兰花纹（图125）、荷莲纹（图126）、牵牛花纹（图127）、百花纹（图128）。常见的动物人物纹首先是金鱼纹，见图129。易同中国景泰蓝金鱼纹混淆的日本景泰蓝

图 118：晚清景泰蓝竹纹壶，长 18 厘米，重 395 克。

图 119：晚清景泰蓝花卉纹盆，长 26 厘米，重 933 克。

图 120：民国景泰蓝莲纹瓶，高 25.5 厘米，重 955 克。

图 121：民国景泰蓝梅花纹瓶，高 13 厘米，重 475 克。

图 122：民国景泰蓝花卉纹瓶，高 22 厘米，重 707 克。

图123：民国景泰蓝花卉纹壶，高12厘米，重207克。

图124：晚清景泰蓝牡丹纹壶，长17厘米，重436克。

图126：晚清景泰蓝花卉纹壶，长16.5厘米，重444克。

图125：晚清老天利花卉纹瓶局部。

图127：晚清或民国景泰蓝花卉纹瓶，高32厘米，重1528克。

图 128：民国景泰蓝百花纹瓶盒等五件，尺寸不一。

图 129：晚清或民国景泰蓝金鱼纹壶，长 18 厘米，重 464 克。

图130：20世纪早期日本瓷胎景泰蓝（七宝）金鱼纹瓶，高30厘米。美国伍滕和伍滕拍卖公司（Wooten & Wooten Auctioneers）2018年5月19日拍品0540号。

图131：晚清景泰蓝鹤纹火柴盒套，长5.5厘米，重45克。

图132：中华人民共和国景泰蓝大瓶，高46厘米，重4353克。

金鱼纹，比如图130的20世纪早期日本瓷胎景泰蓝（七宝）金鱼纹瓶。对比中日的金鱼纹，中国的活泼而日本的严肃。其他常见的动物人物纹包括鹤纹（图131）、马纹（图132）、蝴蝶纹（图133）、狮纹（图134）、麒麟獬豸纹（图135）、仙人纹（图136）、渔樵耕读纹（图137）、人物山水纹（图138）等等。仿古博古纹有饕餮纹（图139）、博古纹（图140）等。

图 133：中华人民共和国景泰蓝蝴蝶纹瓶，高 37 厘米，重 1820 克。这类应是仿光绪粉彩百蝶瓷瓶。

图134：中华人民共和国景泰蓝大瓶局部。

图139：民国景泰蓝饕餮纹瓶，高25.5厘米，重837克。

图135：晚清德成景泰蓝麒麟纹大瓶局部。

图136：民国景泰蓝仙人纹盒，长9.5厘米，重186克。

图137：民国景泰蓝渔樵耕读纹盒，长11.5厘米，重503克。

图140：晚清景泰蓝博古纹盒，长9.7厘米，重266克。

图138：晚清或民国人物山水纹小瓶一对，各高7.8厘米。

第四节 金气彩质时代情：中国景泰蓝和日本七宝的比较

图142：日本明治七宝盘，径30.5厘米，重1251克，1880年代制品。紫釉稀见。私人藏品，曾发表于科恩和福斯特（Coben & Ferster）所著《日本掐丝珐琅》（*Japanese Cloisonné*），插图67。

图141：早期七宝供碗，径21厘米，梶常吉1854至1859年作品。

和中国景泰蓝工艺最相似的是日本的七宝。然而，中国景泰蓝和日本七宝的审美标准却是不同的：中国景泰蓝审美以造型第一、釉色其次、花样最末；而日本七宝审美却是花样第一、釉色其次，造型最末。本节将剖析中国景泰蓝和日本七宝不同审美观形成的历史原因。

同法国的"重新发现"景泰蓝类似，日本也有个"重新发明"景泰蓝（七宝）的说法，只不过时间比法国早。1838年，名古屋的梶常吉（Kaji Tsunekechi）成功制造了径15.2厘米的景泰蓝（七宝）盘，成为制作日本景泰蓝（七宝）独立件的首例。被描述中的日本16世纪的七宝（含金、银、绿宝石和其他宝石）所吸引，梶常吉从1830年开始创制景泰蓝，但一开始并没有成功。后来在1832年7月，他从名古屋的一个古玩商手里买到一件中国景泰蓝盘。砸裂盘后认真推敲，他终于破译了景泰蓝的工艺流程[1]。在1838或1839年到1850年期间，尾张国的大名向梶常吉订了一些景泰蓝（七宝）文具，觉得满意，于是从 1850 年起雇佣梶常吉为景泰蓝（七宝）工匠[2]。梶常吉收了四个徒弟，自此开启了日本景泰蓝（七宝）发展之旅。

日本七宝有着来自三方面的影响：一是仿中国明式景泰蓝（图 141）；二是传统本土化的风格，比如织锦的花纹和扇形开光（图 142）；三是西方的审美元素。在明治及其后，笔者认为是西方的审美渐占主导。明治时期，日本政府为增加国家收入，鼓励成立景泰蓝出口公司，并给予政策优惠。早在明治前的 1863 年，为尝试七宝外销，林小伝治（Hayashi Kodenji）徒步来回 800 公里，到对外开放的横浜推销七宝。由于当时日本禁止出口铜，林小伝治把七宝藏在茧中，走私到横浜[3]。这故事预示着日本对七宝的出口将会作出不同寻常的努力。19 世纪后期，日本政府对参加西方各类世博会或展览会极为热心，尽力做好参展和布展的每一环节。比如在 1893 年的美国芝加哥世博会，日本展出了一组三个七宝大装饰瓶，其中的一个见图 143。此瓶连座高 246 厘米，花了整整三年时间制作，代表了日本明治七宝的最高水平，运去芝加哥前经过了日本天皇的审核和批准。

日本七宝的工艺流程大致和中国景泰蓝类似，见图 144。但中日审美差异显著。1878 或 1879 年，在德国化学师瓦格纳（Wagner）的帮助下，並河靖之（Namikawa Yasuyuki）发明了半透明的镜面黑釉[4]。並河靖之是日本明治七宝的代表人物，帝室技艺员，发明镜面黑釉是他一生最重要的成就。日本在 1850 年代就有制作黑地七宝，到 1878 或 1879 年发明镜面黑釉后，黑地成为七宝最主要的底色之一。与日本不同，中国的传统珐琅很少用黑釉，除了一些雍正的画珐琅是例外[5]。如

图 143：日本明治七宝特大瓶，连座高 246 厘米，1893 年美国芝加哥世博会展品。美国克拉斯拍卖馆（Clars Auction Gallery）2019 年 2 月 17 日拍品 6799 号。

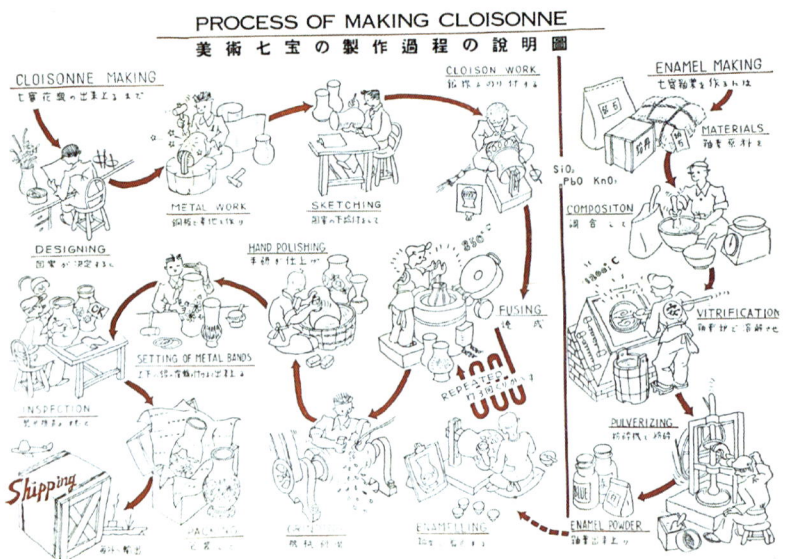

图144：安藤七宝店1950年代七宝广告纸。

图145：中日黑釉对比。左为晚清或民国景泰蓝香根鸢尾纹瓶局部，右为明治太田吉三郎七宝瓶。

果在一件传统中国景泰蓝中见到局部黑釉，那多半不是真的黑釉，而是某种象黑色的深色釉。但在晚清和民国，黑釉地的景泰蓝大量出现。这原因从理论上也许可追溯到雍正画珐琅的黑釉，但实际更可能是受了日本黑地七宝的影响：由于日本的黑地七宝外销不错，所以中国也制作黑地的景泰蓝以竞争西方市场。满地黑釉的中国景泰蓝一般不早于1880年。虽然中国的黑地景泰蓝可能是受了日本的影响，但对于釉质的审美中日是不同的：对比黑釉（以及其他底釉），日本的比中国的要透且亮，但没有中国的浑厚感，见图145。

发明镜面黑釉后，日本釉的发展方向是从半透明到全透明（能透到底胎，见图146）[6]。另一方面，日本明治时期的七宝力求工艺改良以去除锦地，使大面积的单色釉烧后不会脱离

图146：明治七宝罐，高13厘米，重196克，局部釉全透。

图147：日本明治七宝瓶，高18.5厘米，並河靖之1893年作品。东京国立博物馆藏品。图片来源：科恩和福斯特（Coben & Ferster）所著《日本掐丝珐琅》（*Japanese Cloisonné*），插图90。

图148：日本明治无线七宝盘，长30厘米，涛川惣助作品。美国米利亚兄弟拍卖有限公司（Millea Bros Ltd）2009年11月21日拍品0111号。

底胎，见图147。这项工艺改良在技术上归功于瓦格纳（Wagner），瓦格纳先在瓷胎上尝试，成功后再推广到金属胎[7]。日本七宝多无锦地，而中国景泰蓝多有锦地，这是日本七宝和中国景泰蓝最明显的风格差异之一。

那么为什么日本工匠要去除锦地呢？这可能是来自西式审美的影响。在西方世博会上，画在艺术装饰类属于最高级别。比如在1904年圣路易斯世博会中，画类是在美术宫中展出，而工艺品（比如北京工艺商局的景泰蓝）则是在人文宫中展出。如果在七宝设计中融入西画写实的元素，那么应能提升七宝的档次。但若要增强写实的画感，就必须去掉工艺性强的锦地。七宝成功地做到了这一点，用写实的画法来表现日本庭园景观等，加上其他类工艺创新比如无线七宝[8]（图148）和瓷胎七宝[9]等，希

131

图149：日本明治七宝瓶，高15.2厘米，重157克，太田吉三郎作品。

图150：日本明治七宝瓶一对，各高39厘米，川出柴太郎作品。美国希尔拍卖馆（Hill Auction Gallery）2018年11月28日拍品0188号。

望在西方将七宝定位为中高档创新艺术品的典范，不但为日本带来外销收入，更提升日本作为新兴文明和先进国家的世界形象。正是在这种背景下，日本七宝最看重的是精细的花样，体现在复杂的构图（图149，图150）以及写实的细节（图151）。

但中国景泰蓝不同。中国景泰蓝历史的辉煌是在乾隆时期作为宫廷陈设器。陈设器远观为主，且要和宫廷的整体氛围相配，所以最重要的是造型。造型代表国家的气象。晚清出口的景泰蓝虽不用作宫廷陈设，但常作为西方上流社会厅堂的摆设，所以造型的重要性及含义沿袭了下来。中国景泰蓝第二重要的是釉质，这和日本七宝价值排列的位置相同，但彼此对于釉质的审美和取舍不同。日本对于釉质是要透和亮，但不求稳重和内敛。这和西方新艺术时期珠宝不求名贵，但求自然、色彩丰富的取向一致。中国景泰蓝的釉质没有日本的透。乾隆时釉质粉感强、不透。晚清和民国时期某些釉微透或半透。而中华人民共和国时期的釉比较透。对中国景泰蓝而言，釉质是中国人的本质，几千年存精去浮筛选的优良素质，所以应沉稳而色彩内涵丰富。它没有七宝的那种通透的亮光，而是磨砺出的平整和光滑的自然光，见图152的中日光泽对比。花样对于中国景泰蓝来说是结合造型和釉质体现的综合影像，它不是对应着写实的画，而是抒发人在特定时代中的情感：德成、老天利、京珐所表达的情感各不相同，但都顺应时代。中国景泰蓝概括起来是：金气彩质时代情。

图151：日本明治七宝特大瓶，高166厘米。

图152：中日釉光泽对比。左为晚清景泰蓝牡丹纹壶局部，右为明治七宝罐局部。

1　Lawrence Coben & Dorothy Ferster, *Japanese Cloisonné: History, Technique and Appreciation*（Weatherhill 1st ed, 1982），29.

2　同上，30。

3　同上，47。

4　同上，62。

5　李久芳主编：《故宫博物院藏文物珍品大系·金属胎珐琅器》，上海科技出版社2011年11月1日。

6　Coben & Ferster, *Japanese Cloisonné*, 135.

7　同上，62—63。

8　同上，134。

9　同上，59。

叁

第三章
假作真时真亦假
景泰蓝的断代与辨伪

第一节 寻找断代的标准器

图153：晚清景泰蓝花卉纹瓶，高24厘米。美国埃迪拍卖公司（Eddie's Auction）2017年8月6日拍品0007号。

同其他品类一样，景泰蓝断代的主要根据之一是同年代确切的标准器比较。本节依循两条线路收罗标准器：一是有年份标注的器物，比如刻款、包装物上的年份、能对应特定历史事件的等等。二是年代确切的广告或宣传品中刊登的图片。按此找出的标准器未必完全正确，比如刻款中的年份未必和生产年份吻合，广告中宣传的时尚商品也未必是当年的制作。但这些器物至少提供了可供进一步讨论的基础。以下表格简要列举本节标准器，以便读者查询。

图154：晚清景泰蓝莲纹供盘一对。各高23.5厘米，左重1491克，右重1563克。

年份	图号和描述	年份依据
1878	图153 晚清景泰蓝花卉纹瓶	底刻字
1887	图154 晚清景泰蓝供盘	圈足字
1901	图155 晚清景泰蓝花卉纹瓶	口沿刻字
1906	图156 晚清景泰蓝杯	器身字
1908	图157 晚清赠美国"大白舰队"景泰蓝瓶、杯碟	报纸报道
1911	图158 晚清景泰蓝鱼鳞纹洗	器身字
1914	图159 民国景泰蓝龙纹烟盒	盒面字
1917	图160 民国景泰蓝香根鸢尾纹瓶	器身字
1918	图161 民国景泰蓝龙纹粉瓶、粉筒	器身字
1922	图162 民国景泰蓝香根鸢尾纹盘	盘心字
1922	图163 民国景泰蓝首饰盒	报纸日期
1924—1931	图164 民国景泰蓝	报纸日期
1936	图165 民国景泰蓝	目录日期
1925	图166 民国景泰蓝梅瓶	盒面字
1925	图167、图168、图169 民国景泰蓝	目录日期
1928	图170 民国景泰蓝盆景	报纸日期
1929—1941	图171 民国景泰蓝小盘	盘心字
1930	图172 民国景泰蓝海棠式瓶	底刻字
1939—1945	图173 民国景泰蓝香根鸢尾纹胆瓶一对	底刻字
1945—1947	图174 民国晚期景泰蓝鱼鳞纹瓶一对	底字
1985	图175 中华人民共和国景泰蓝	广告日期

图155：晚清景泰蓝花卉纹瓶，高37厘米，重1661克。

图 156：晚清景泰蓝杯，高 5 厘米。美国斯洛斯堡拍卖公司（B.S. Slosberg, Inc. Auctioneers）2016 年 3 月 6 日拍品 3100 号。

图 153 为晚清景泰蓝花卉纹瓶，底刻 "O1' Ditchfield / Jan. 1878"。色无渐变，叶为单色。图 154 为晚清景泰蓝供盘一对，圈足有 "光绪丁亥年敬造" 和 "穆尔察氏祠堂供器" 双款。光绪丁亥是 1887 年，清《八旗满洲氏族通谱》收录穆尔察氏 8 支。此盘和图 153 的瓶一样，色无渐变，叶纹（蕉叶）为单色。造型较壮，有晚清特点，月白底色不常见。图 155 晚清景泰蓝花卉纹瓶，口沿刻 "China 1901" 等。此瓶花呈伞状、叶较圆。细部配色比前两品复杂，底部云头不齐整。故宫博物院清宫旧藏有类似器型和花卉纹的景泰蓝瓶[1]。图 156 光绪三十二年的小杯，底釉色泽清新可人，此色晚清流行。

图 157 为 1908 年清政府赠美国 "大白舰队" 的纪念品：按某些美国拍行的说法，景泰蓝瓶是送军官的，而景泰蓝杯和碟是送水手的。笔者经过查询资料，证实了该说法是正确的。1907 至 1909 年，美军海军战舰环球外交，因战舰涂醒目的白色，故称 "大白舰队"。1908 年 10 月 29 日，大白舰队的路易斯安那（Louisiana）、弗吉尼亚（Virginia）、俄亥俄（Ohio）、密苏里（Missouri）、威斯康星（Wisconsin）、伊利诺伊（Illinois）、肯塔基（Kentucky）、凯尔萨格（Kearsarge）八艘战舰抵厦门访问，11 月 5 日离开。清政府接待团由贝勒毓朗率领，以 "中外禔福" 为口号，花费了 40 万两白银，欢迎并款待了美国海军舰队官兵。1908 年 10 月 28 日纽约州的《民主日报》（Democrat and Chronicle）报纸以 "每人均有中国景泰蓝" 为标题，报道了清政府对大白舰队的接待安排。据该报道，"这次不给来访者发奖章，而是由马克（Mark）专员安排，每个军官赠送一个中国景泰蓝花瓶，每个海员赠送一个中国景泰蓝杯。"[2] Mark 专员为何人？在报道中他被称为 Dr. George Mark（乔治·马克医生）和 Mai

图157：晚清赠美国"大白舰队"景泰蓝瓶和杯碟。瓶高21厘米，美国凯斯古玩拍卖公司（Case Antiques, Inc. Auctions）2015年7月18日拍品0007号。杯碟私人藏品，杯高3.5厘米。

Hsin Ch'ien。顺着这些信息查询，马克（Mark）专员是麦信坚，见图157中的头像。麦信坚是广东番禺人，早年为北洋医局医官，曾治愈李鸿章的顽疾和慈禧的病。后随李鸿章操办洋务，任招商局总办。民国三年任交通部次长。报道中又说，星期二慈禧太后生日那天，上午是橄榄球决赛，下午是棒球决赛，晚上宴请美国舰队所有军官以及3000名海员[3]。另一篇报道说："娱乐的高潮在星期二，11月3日，慈禧太后的生日那天……中午每艘船都鸣放了二十一发礼炮……在运动场上，贝勒毓朗和其他中国官员随从穿着最考究的服装，和美国海军少将埃墨里（Emory）、少将施罗德（Schroeder）以及各舰长站在一起，举杯祝中国的统治者健康长寿。1600个上岸的男人（美国海员）每人都给了一杯香槟以祝慈禧太后寿辰……每个军官都收到了一个漂亮的景泰蓝瓶，上有交叉的中国和美国国旗。每个海员都收到了一个小杯和盘。"[4] 又据美国宾夕法尼亚的《约克日报》（The York Daily），"厦门最后的社交活动是贝勒毓朗为舰队的200位军官饯行。贝勒毓

图158：晚清景泰蓝鱼鳞纹洗，高9.5厘米。美国布拉斯韦尔拍卖公司（Braswell Galleries）2010年6月21日拍品228号。

朗表示中国感谢美国舰队的来访，并祝舰队归途平安。"[5] 综合这些报道，景泰蓝瓶和杯应是麦信坚操办，在慈禧生日那天由贝勒毓朗代表清政府送给美国舰队官兵的礼物。实物特征也印证了这点：瓶和杯都带有寿字和中美国旗，所以兼有中美同为慈禧祝寿之意。但11天后慈禧就去世了。美国官兵凭借军舰之威带回了中国景泰蓝的礼物，而清政府花了40万两也终没有使"中外禔福"实现。这批定制的景泰蓝瓶杯礼品虽都有美国星条旗，但星的数目并不一致，可能是不同工匠制作的差别，而监造者也没有注重精确性。此外，瓶制作量应超过200个[6]，而杯在1600到3000间[7]。

图158到图161是清末和民国初年的器物。图158是清末的景泰蓝黄地鱼鳞纹洗。图159和图161分别是民国景泰蓝龙纹烟盒、龙纹粉瓶、粉筒。图160景泰蓝是民国香根鸢尾纹瓶，瓶身字如下："陆军步兵第六十六团第二年第二期校阅奖品中华民国六年五月团长魏清和赠"。这几样器物的共同特征是鎏金不够理想，细丝不见金

图 159：民国景泰蓝龙纹烟盒，高 9 厘米。美国易趣（Ebay）2017 年 5 月 28 日拍品 182591990106 号。

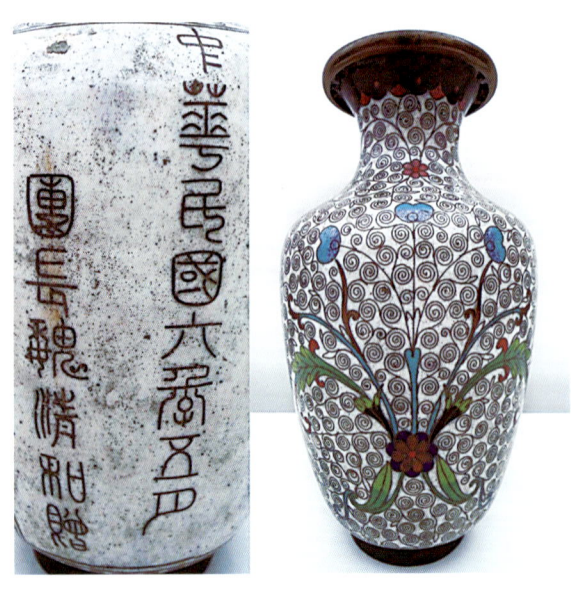

图 160：民国景泰蓝香根鸢尾纹瓶，高 16.5 厘米。美国易趣（Ebay）2017 年 10 月 9 日拍品 152722176796 号。

图 161：民国景泰蓝龙纹粉瓶、粉筒，瓶高 10 厘米。美国罗兰拍卖公司（Roland）2015 年 10 月 10 日拍品 0360 号。

图 162：民国景泰蓝香根鸢尾纹盘，径 21 厘米。美国托马斯顿拍卖馆（Thomaston Place Auction Galleries）2015 年 11 月 14 日拍品 0451 号。

光或者金光黯淡。此外民国初期的几件整体或局部釉色晦暗，比如图 159 和图 161 中的龙毛等。

图 162 的景泰蓝香根鸢尾纹盘为民国景泰蓝黄金时代 20 世纪 20 年代的精品，制作规整，金光闪烁。盘心字为："博晨光科长归国纪念 1922"。博晨光（Lucius Chapin Porter）生于天津传教士家庭，在美国耶鲁神学院毕业后返回中国从事教育事业，曾任燕京大学文理科科长、哲学系教授兼系主任、哈佛燕京学社北平办事处总干事，为燕京大学的发展和中美文化交流作出重要贡献。由于盘中心为燕京大学校徽，而又称博晨光为科长，所以此盘可能是燕京大学 1922 年送给博晨光的礼品。

图 163 是《纽约先驱报》（*The New York*

图163：《纽约先驱报》1922年4月2日第24页中的民国景泰蓝首饰盒。来源：https://www.newspapers.com/image/334699068/

Herald）1922年4月2日第24页梅西公司（R. H. Macy & Co.）的广告。1910—1920年，美国报纸中较少有当代中国景泰蓝的广告。但到1920年代初，随着中国装饰风的推广，当代景泰蓝的广告也逐渐增多。图163这件景泰蓝首饰盒是较早的广告之一，从广告词看，它是作为奢侈品来推广："该景泰蓝盒为浅蓝地、金色鱼鳞纹饰。打开后里有两个长盒和两个小罐，适合放家族祖传的钻石或者英国贵妇的稀有面奶。"[8]

图164是1924年到1931年美国报纸关于中国景泰蓝的广告若干，这些景泰蓝多作为圣诞节或婚庆礼品推销。广告A是《匹兹堡邮报》（*Pittsburgh Post-Gazette*）1924年12月4日第12页考夫曼氏公司（Kaufmann's）的10英寸景泰蓝瓶，标价是14美元[9]。当时9英寸（23厘米）的普通景泰蓝瓶约为10—12美元一个。广告B和广告C分别是《芝加哥论坛报》（*Chicago Tribute*）1927年11月22日第17页马歇尔·菲尔德公司（Marshall Field & Company）的景泰蓝瓶、烟具[10]以及《圣路易斯邮报》（*St. Louis Post-Dispatch*）1927年10月4日第15页著名巴尔公司（Famous-Barr Co.）的一些景泰蓝[11]。图中可见，9英寸的景泰蓝瓶普品价格已下滑到7.5美元一个。广告D《波士顿环球报》（*The Boston Globe*）1927年6月10日第14页斯托维尔氏公司（Stowell's）的9英寸景泰蓝蒜头瓶（推荐为送新娘的礼物）质量高于普品，所以价格为10美元一个[12]。到了1931年，比如广告E的《代顿新闻日报》（*Dayton Daily News*）1931年12月11日第48页里克·库姆勒公司（Rike-Kumler Co.）[13]以及广告F《洛杉矶时报》（*The Los Angeles Times*）1931年10月4日第30页帕梅里多尔曼公司（Parmelee-Dohrmann Co.）[14]的景泰蓝，随着大萧条价格进一步降低。9英寸的景泰蓝瓶只卖3.95美元，而景泰蓝烟具一组三件的价格从前几年的3.5—4.5美元区间跌到98美分。到了1934年，根据图165芝加哥舒尔公司（N. Shure Co.）1934年的目录，9英寸的景泰蓝瓶创新低1.75美元。据此，从1924年到1934年，美国9英寸景泰蓝瓶的售价跌了至少80%，烟具跌了75%。面对需求方销售价格的持续下跌，产方的对策（撇开汇率）只有成本（工和料）一降再降。所以说，民国出口景泰蓝的质量拐点是在1920年末或1930年初，其后质量走下坡路。1932年的《北平市工商业概述》第一编特品《景泰珐琅业》也验证了这一点："景泰珐琅营业情况，在十年前（1922年）颇称发达，近则不免稍形停顿。缘此业以外销为大宗……自经各珐琅局为营业上之竞争，互相减价出售，致行情低落，

无利可图。加以作品类出学徒之手，艺术不精，出品恶劣，中外商人皆不敢尽量收买。"[15]

图166为民国老天利的景泰蓝黑地梅瓶，通体香根鸢尾纹。根据包装盒上的文字信息，此为大正十四年（1925）冯玉祥赠寄的礼品。图167、168、169中的景泰蓝来自北京西什库天主教堂印书馆1925年排印的北京西什库天主教堂主编《珐琅祭器样子》[16]。图中红字价格是笔者所加，按书里有价格标注的器物依照编号和描述找出对应图，然后把价格标在图的上方或左边。以下是该书对应图中一部分景泰蓝的物品编号、描述及价格（单位是美元）[17]：

图164：美国老报纸所载的不同种类的民国景泰蓝。
广告A来源：https://www.newspapers.com/image/86178354/
广告B来源：https://www.newspapers.com/image/354916936/
广告C来源：https://www.newspapers.com/image/140410856/
广告D来源：https://www.newspapers.com/image/430580472/
广告E来源：https://www.newspapers.com/image/400472554/
广告F来源：https://www.newspapers.com/image/380549080/

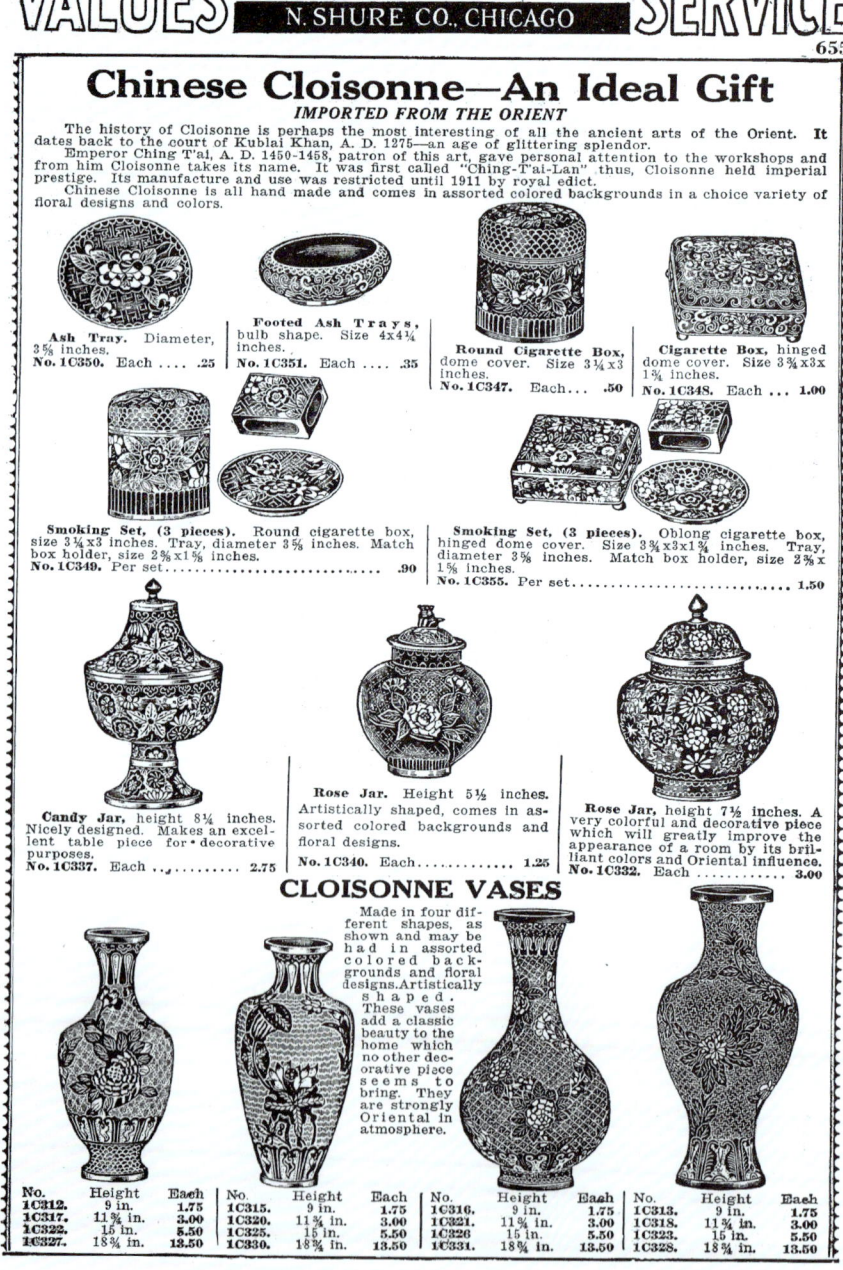

图 165：1934 年美国芝加哥舒尔公司（N. Shure Co.）目录页。

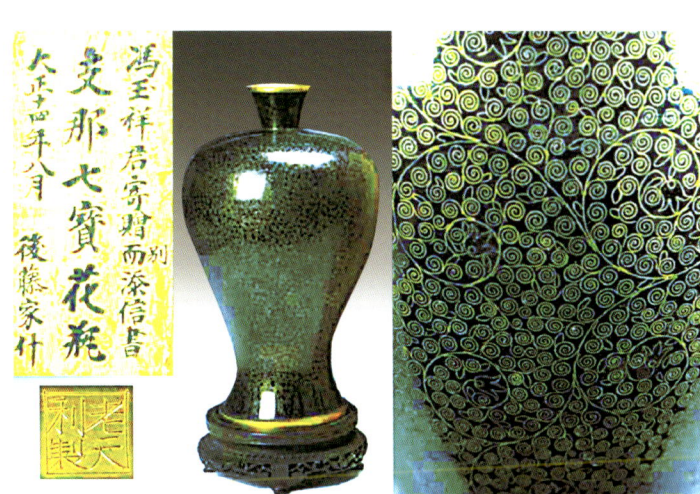

图166：民国景泰蓝梅瓶，高30厘米。日本美丽天使拍卖公司（Beautiful Angel, Inc.）2019年3月26日拍品0080号。

200 烧蓝振纸 上有小狮子镀金 $5.5

201 烧蓝伞把 带盘龙一条 $5

203 烧蓝墨水壶 $3.6

212 烧蓝饭碗 $4

213 烧蓝花盆 高四寸五分 $20

215 大烧蓝狮子一对 带硬木花座 $80

219 烧蓝烟袋 $3

221 烧蓝纸轧子 $5

239 烧蓝大十字 上有苦像高八寸三分 $5

244 烧蓝像框架 $4

245 烧蓝大洗子 带硬木座 $18

247 烧蓝小银黄品 高十二厘米 $4

249 烧蓝碑壶 高十五厘米 $6.5

251 烧蓝笔筒 高十三厘米 $3

254 烧蓝桶子瓦 高二十四厘米 $9

255 烧蓝圣心瓶 高二十四厘米 $8

260 烧蓝大银黄瓶 高二十四厘米 $9

264 烧蓝大龙耳瓶 黑地龙或红地蓝地白地各随其意 高三十一厘米 $28

267 烧蓝金耳大瓶 此瓶乃晋朝之古样名晋朝尊 高四十厘米 $75

271 烧蓝大香炉 地子随意 我们做的黑地花 此炉上顶钻花烧蓝 三个狮子头腿 乃古时之老样 高四十四厘米 $55

280 烧蓝大油锤瓶 高三十一厘米 $20

322 大亭子炉 乃是黄铜质 由座至顶高六十厘米 此炉乃是宋朝本样 $38

324 烧蓝大碑壶瓶 中心有中国有名的地方 有天坛有太和殿 两边是龙 高三十八厘米 $55

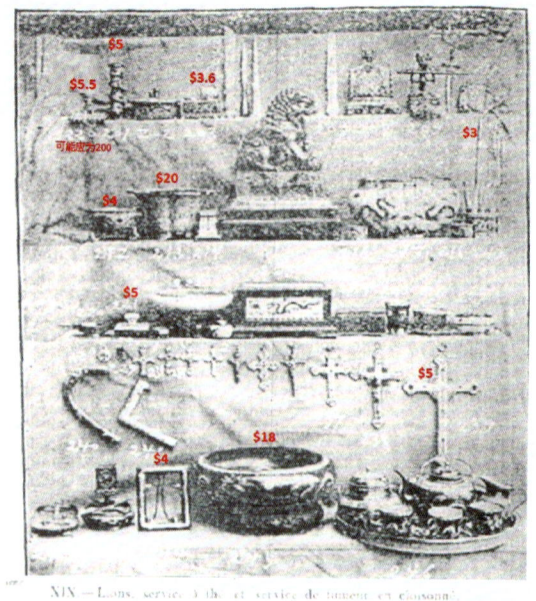

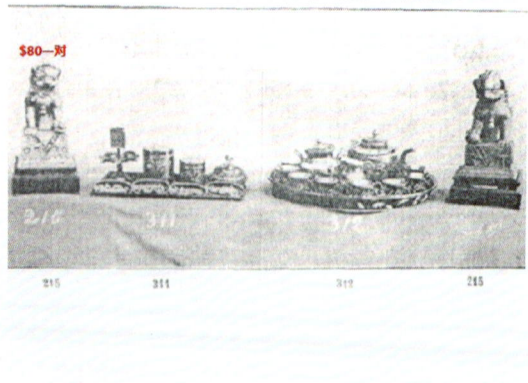

图167：北京西什库天主教堂主编《珐琅祭器样子》中的景泰蓝。来源：李林琳：《清末民国景泰蓝兴衰之研究》，第39—42页。

图168：北京西什库天主教堂主编《珐琅祭器样子》中的景泰蓝。来源：李林琳：《清末民国景泰蓝兴衰之研究》，第39—42页。

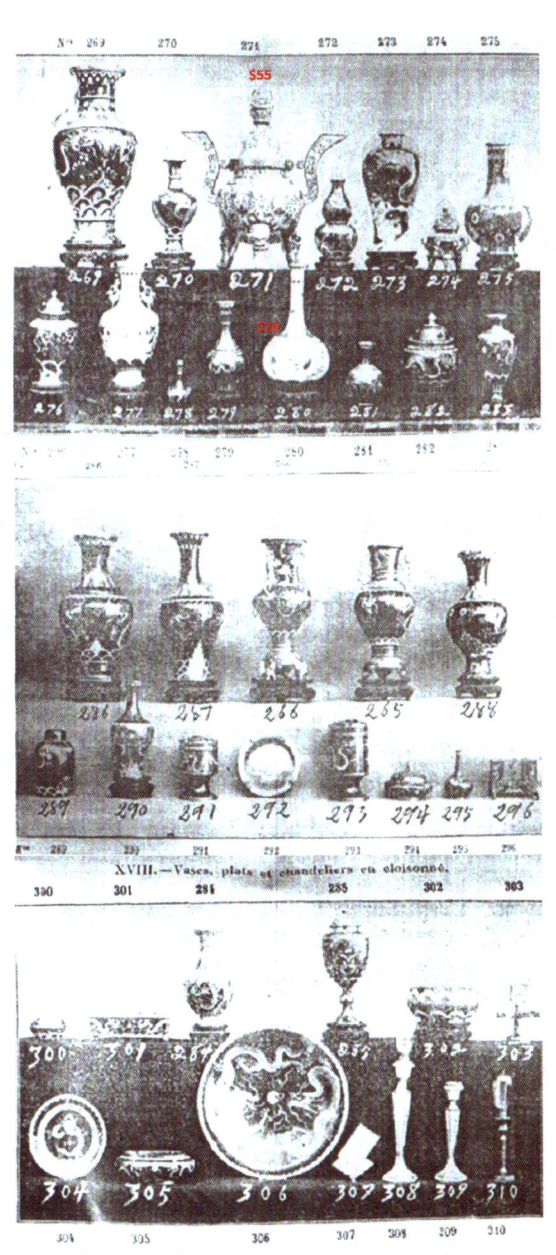

图169：北京西什库天主教堂主编《珐琅祭器样子》中的景泰蓝。来源：李林琳：《清末民国景泰蓝兴衰之研究》，第39—42页。

图170：民国景泰蓝盆景。来源：https://www.newspapers.com/image/57574892/

图 171：民国景泰蓝小盘，径 9.5 厘米，重 100 克。

图 170 是美国《布鲁克林每日鹰报》1928 年 10 月 25 日第 9 页广告中的民国景泰蓝盆景 18。其花盆为景泰蓝，树和花叶为低档玉石类所制。图 171 小盘设计不俗：从外及里红线边、古钱锦、渐变的鱼鳞纹、青天白日内字"北平协和医学校"。北京协和医学院 1917 年由美国洛克菲勒基金会捐资创办，前身为协和医学堂，1929 年改名为私立北平协和医学院，1942 年初关闭至 1947 年。此盘北京称北平，应是 1929—1941 年期间的制品。

图 172 为民国景泰蓝黑地海棠形瓶，通体香根鸢尾纹，底刻"In loving memory of Mrs. Wm. Appleton gift of Mrs. Clifford Gregory Westminster Presbyterian Church Albany NY Easter 1930"（带着爱怀念爱普顿夫人，克利福德·格雷格里夫人赠。纽约州奥尔巴尼市威斯敏斯特长老教会 1930 年复活节）。所以它是 1930 年复活节定制的纪念品。图 173 是民国景泰蓝珊瑚红地胆瓶一对，底刻"供支那派遣军总司令官"。支那派遣军 1939 年组建，1945 年解散，所以这对瓶是 1939 至 1945 年期间的制品。图 174 是民国景泰蓝鱼鳞纹瓶一对，底分别刻"To Gen. J. P. McConnell."（至麦康奈尔将军）、"From Col. K. L. Hsu. peiping. China."（来自：徐康良上校，中国北平）。K. L. Hsu 为徐康良，1945 至 1949 为国民政府空军上校。J. P. McConnell 是约翰·保罗·麦康奈尔，1945 至 1947 年任驻民国国民政府空军顾问。从这些信息看，此对瓶应为 1945 至 1947 年期间徐康良定制的礼品。图 175 左是美国《拉克罗斯日报》（The La Cross Tribune）1978 年 5 月 7 日第 10 页所载文中的景泰蓝仙鹤摆件一对。文中说仙鹤价值超过 5000 美元 19。图 175 右是 1985 年芬顿艺术玻璃公司（The Fenton Art Glass Company）广告，所登景泰蓝是 20 世纪 80 年代的中国制品。

图172：民国景泰蓝海棠式瓶。美国斯金纳拍卖公司（Skinner）2009年10月18日拍品1061号。

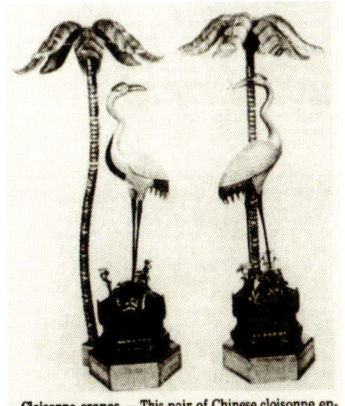
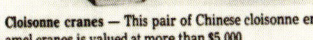

图175：左为1978年美国报纸所载景泰蓝仙鹤一对。来源：https://www.newspapers.com/image/513287573/。右为中华人民共和国20世纪80年代景泰蓝广告。

图 173：民国景泰蓝香根鸢尾纹胆瓶一对，各高 23 厘米。美国摩罗克兄弟西雅图拍卖公司（MBA Seattle Aucton）2015 年 5 月 28 日拍品 0087 号。

图 174：民国晚期景泰蓝鱼鳞纹瓶一对，各高 23 厘米。

1 张丽：《故宫博物院藏品大系·珐琅器编·4·清掐丝珐琅》，第 258 页 "故 117556 掐丝珐琅折纸花卉纹瓶"。

2 *Democrat and Chronicle* 28 Oct. 1908, 2. Accessed May 15, 2019, https://www.newspapers.com/image/135479905/

3 同上。

4 "Sweeping Away Old Amoy's Trade," *The Philadelphia Inquirer* 20 Dec. 1908, 24. Accessed May 15, 2019, https://www.newspapers.com/image/168207412/.

5 *The York Daily* 6 Nov. 1908, 1. Accessed May 15, 2019, https://www.newspapers.com/image/75910301/.

6 最后的宴会 200 军官在场，每人送一瓶。但制作量可能会大于实际送的量。

7 慈禧生日那天 1600 海员上岸，每人送一杯（或一杯一碟）。但预计是 3000 海员上岸（岸上预算最多能容纳 3000 海员），所以制杯时可能会照预计的最大量制作。

8 *The New York Herald* 2 Apr. 1922, 24. Accessed May 15, 2019, https://www.newspapers.com/image/334699068/.

9 *Pittsburgh Post-Gazette* 4 Dec. 1924, 12. Accessed May 15, 2019,https://www.newspapers.com/image/86178354/.

10 *Chicago Tribute* 22 Nov. 1927, 17. Accessed May 15, 2019, https://www.newspapers.com/image/354916936/.

11 *St. Louis Post-Dispatch* 4 Oct. 1927, 15. Accessed May 15, 2019, https://www.newspapers.com/image/140410856/.

12 *The Boston Globe* 10 June 1927, 14. Accessed May 15, 2019, https://www.newspapers.com/image/430580472/.

13 *Dayton Daily News* 11 Dec. 1931, 48. Accessed May 15, 2019, https://www.newspapers.com/image/400472554/.

14 *The Los Angeles Times* 4 Oct. 1931, 30. Accessed May 15, 2019,https://www.newspapers.com/image/380549080/.

15 民国二十一年《北平市工商业概述》第一编特品《景泰珐琅业》，第 6—7 页。Accessed May 15, 2019, http://taiwanebook.ncl.edu.tw/ebkFiles/NCL-9910005741/NCL-9910005741F01.PDF.

16 李林琳：《清末民国景泰蓝兴衰之研究》，第 32—43 页。

17 同上。

18 *The Brooklyn Daily Eagle* 25 Oct. 1928: 9. Accessed May 15, 2019, https://www.newspapers.com/image/57574892/.

19 Anne Gilbert, "Miniature Oriental art carries big price tags," *The La Cross Tribune* 7 May 1978: 10. Accessed May 15, 2019, https://www.newspapers.com/image/513287573/.

第二节　金氏缠丝云：简易的云头纹断代

图176：中华人民共和国景泰蓝罐局部。

图176中的卷云锦地是市场中最常见的景泰蓝云头纹之一。从云的规整角度粗看，中华人民共和国和民国时期都有可能。但卷云比较简化，这种简化的风格却似中华人民共和国而不类民国。那么，这类卷云纹是中华人民共和国的创造吗？还是它的源头在民国甚至晚清，沿袭某种非典型的简化云纹？

这个问题烦恼了几年也没找到答案，但一天偶读《中国工艺美术大师金世权》，高兴得几乎跳了起来：原来这简化的云纹是1958年金世权老艺人独创的"车条绕制法"所制成的卷云纹！"早在1958年，金世权就干过一件轰动全行业的事情。有一天，他去修理他那辆骑了多年的自行车的时候，一个灵感闪现在他的脑海里。修完车，他向修车师傅要了几根废弃车条回家了。回到家里，他急不可待地跟媳妇要了两根绑头发的皮筋。他把四根自行车条并在一起用橡皮筋绑起来，4根车条自然地形成了横截面由4个小圆构成的十字花状的车条捆。金世权又找到了一根细铅丝，像绕弹簧一样把铅丝用力均匀而密实地绕在车条捆上……此时的铅丝经过缠绕、掐压和切割，待脱离车条捆

图177：中华人民共和国景泰蓝花卉纹灯笼瓶局部。美国克拉斯拍卖馆（Clars Auction Gallery）2011年11月13日拍品8031号。

后成为了一个个单独的四瓣小花朵！这个成功后，金世权又琢磨，他用三根圆的自行车车条中间夹一根扁车条又缠了一遍，等缠好切完后把一边的切口卷入中间的扁车条压紧，然后依次撤出车条，就成了一个个匀称的卷云纹。第二天到单位后……他欣喜地叫来同事，把自己的实验又演示了一遍。同事们都连声叫好：'金师傅，您真不愧是大师，这招真是绝了，这能省多少工啊。'工厂领导知道了这件事情后也特别高兴，立即将金世权'车条绕制法'在全厂［北京景泰蓝厂］推广。"[1] 文中提到的"十字花"、"四瓣小花朵"应是图177中的桂花地。在东欧定单大、生产任务繁重的1958年，金世权的绕丝法比传统的臕丝法效率高且不容易走样，不但是当时具有政治意义的新技术，而且开创了模具制锦地的新思路。

由于景泰蓝大多有锦地，从锦地着手是鉴别1958年后中华人民共和国制品最简单、最有效的方法。图176的卷云纹、图177的桂花纹以及其他有模具味的锦地纹是1958年后中华人民共和国景泰蓝的标志性特征。

最后，比较图178日本明治时期七宝的云纹。日本云纹细、瘦、骨感强，和中国景泰蓝的云纹相差较大，不难分辨。

图178：日本明治七宝壶，长13厘米。英国汉南拍卖有限公司（Hannam's Auctioneers Ltd）2019年4月9日拍品1169号。

---

1 《中国工艺美术大师金世权》，第131—138页。

第三节 景泰蓝的时代特征

图 179：晚清景泰蓝龙纹盒，径 10.5 厘米，重 500 克。

让我们先来看常见的龙图案。晚清的龙有些虽比例失调（比如龙头过大），但总体或有威势（图179），或矫健有力（图180，图181）。清末及民国初期的龙比较工整，但动作机械、神情常恐惧（图182，图183）。龙头简化、有剪纸或卡通味的通常出现在 20 世纪 30、40 年代的景泰蓝上，比如图184。1949 年后的龙，例如图185，是美术化的格式图案，不带感情色彩。图186 日本七宝的龙，野而多刺，和中国龙差异较大。

如果龙多寓意男性的身份象征，那么花则是象征女性。晚清景泰蓝中的花可以用两个字概括："团圆"。"团"指晚清的正面大朵花花瓣压叠花瓣，不松散；"圆"是花的整体形状饱满圆润。参见图187、图188。民国的花瓣没有"团""紧"感，但精神面貌和晚清比并不差（图189），有的甚至更好（图190）。1949 年后的花设计虽规整，但总体效果不够娇美（图191）。

从款来看，一般来说"China"款（图192）比"Made In China"款（图193）要早。美国 1890 年的麦金利关税法（the McKinley Tariff Act）规定所有进口器物都要标注出产地国家名。所以，中国出口器中有"China"款的都是 1891 年及其后的出口美国器件。"Made In China"款比"China"款晚，具体什么时候开始取代"China"

图180：晚清龙纹瓶一对，各高24厘米，重483克、472克。此对瓶工艺是锤胎珐琅，非景泰蓝（掐丝珐琅）。

图181：晚清景泰蓝龙纹烟盒，长9.5厘米。易趣（Ebay）2017年5月25日拍品。此盒工艺精美，应为黄思永工艺商局的制品。

图 182：民国早期景泰蓝龙纹海棠形洗，长 23 厘米，重 827 克。

图 183：民国早期景泰蓝龙纹烟盒，长 9.5 厘米，重 157 克。

图 184：民国晚期景泰蓝龙纹香炉局部。

图 185：中华人民共和国景泰蓝龙纹罐，高 26 厘米，重 1111 克。

图186：日本明治七宝龙盘，径30厘米。英国汉南拍卖有限公司（Hannam's Auctioneers Ltd）2019年4月9日拍品1551号。

图 187：晚清景泰蓝花卉纹盘，径 10 厘米，重 148 克。

图 188：晚清景泰蓝花卉纹壶和杯，壶高 11.5 厘米。

图189：民国老天利景泰蓝花卉纹烟碟局部。

图 190：民国老天利景泰蓝花卉纹盒局部。

图191：中华人民共和国景泰蓝蝶花瓶局部。

图 192：民国景泰蓝花卉纹瓶，高 23 厘米，重 957 克。

图 193：民国景泰蓝香根鸢尾纹罐，高 20.5 厘米，重 813 克。

图194：中华人民共和国景泰蓝款。

款说法不一，大致有1914至1915年、1919至1920年、1926年开始三种说法[1]。但"Made In China"款并没有完全取代"China"款，有时器物中兼有"Made In China"和"China"款，有时1920年代及其后出口美国的器物仍是"China"款，而不是"Made In China"款。综合这些信息，可得出三点结论：1. 有"China"款的器物不可能在1890年前出口美国。2. "Made In China"款理论上都比"China"款晚，但实际不一定。3. 有"Made In China"款的器物晚于清代才出口美国。

晚清及民国景泰蓝的款除了仿古款外，多为作坊款（见本书第一章第三节）。而中华人民共和国景泰蓝的款（除去仿古款）多为品牌商标，比如"京珐"（图194）、"蝶花"（图194）、"紫禁城"（图194）、"宝艺轩制"（图194）、"古艺斋藏"（图194，多为首饰类或小件）等。

从胎来看，晚清和民国早期的分量适中或较重，而到民国晚期轻薄的胎在景泰蓝普品中成为常态。1930年后外销价格走低，导致制作方降低成本，省工省料，而战乱又使铜价走高，所以胎变轻薄。

从釉质看，中华人民共和国的釉透明度最高，清代的最不透。但这只是总体特征，在具体的一件中，常出现某些釉透、某些釉不透的混合状态。中华人民共和国早期制品有些釉较薄，釉面有类似搪瓷釉的开裂纹。民国晚期的粗制品砂眼较多。如果我们综合各种因素评判一个时期的整体质量，那么从晚清到20世纪80年代的景泰蓝可以这样排列：1. 晚清制品和民国1920年代制品；2. 清末民初制品；3. 中华人民共和国1970、1980年代制品；4. 民国1930年代制品；5. 中华人民共和国早期制品；6. 民国晚期及1950年代初期制品。

1　Hwei-Fe'n Cheah, "'Made in China':A Case Studyof Nonya Beadwork," *Textile History* 38:59-91.

第四节　假作真时真亦假：景泰蓝的清／民、日本仿古

图 195：上为晚清景泰蓝碗，径 23.5 厘米，重 650 克。私人藏品。下为晚清景泰蓝碗，径 23 厘米。美国达拉斯拍卖馆（Dallas Auction Gallery）2010 年 10 月 6 日拍品 0045 号。

十几年前笔者开始收藏景泰蓝时，只看重明代景泰蓝和乾隆景泰蓝，忽视晚清民国景泰蓝，无视 1949 年后的景泰蓝。当时的说法是景泰蓝在明代和乾隆达到工艺高峰，而晚清民国的景泰蓝只要和乾隆的一比，质量远逊。笔者严格遵循质量比较的方法，在同类中比较、挑尖子：比胎的重量、比釉色的润泽、比金光的强弱、比掐丝的流畅、比图案的复杂性，等等。如果同类器物比较下来质量相差大，那么最好的应是乾隆或明代，次一等的是晚清仿，再次的是民国仿，最次的是 1949 年后的仿品。这个逻辑一旦套用就难以停止。但历史的真相并不一定与之相符。

比较图 195 中的两碗，碗一（上）为笔者多年前所得，碗心为荷莲鸳鸯纹；碗二（下）是市场所见质量一般的同类。由于碗一的质量胜于碗二，加上碗一掐丝为黄铜丝的锡焊工艺，丝又粗细不匀呈手工拉丝特征，笔者当时相信其为晚明真品。而同类普品（比如图 195 碗二）则为晚清或民国的仿品。一些年过去了，此类碗见了不少，每次见到总要比比，虽然质量比下来还是自己那个好，但有些简单的疑问挥之不去：那些晚清和民国的仿品碗虽然质量平平，但造型、制胎工艺、外表的老化程度和自己的那个并没有本质区别。而明和清末相距三百年，时间的痕迹何在？疑问既生，继而深化：为什么质量高下是真和仿的区别，而不是仿品或创制品中精品和普品的区别？质量高确实增添了收藏价值，但和真品并没有必然联系，也不存在质量越高就年代越早的普

图196：上为晚清景泰篮碗，径25.6厘米。美国好莱坞艺术品拍卖公司（Hollywood Art Auction）2019年2月13日拍品0008号。中为民国景泰蓝碗，径25.8厘米。加拿大威尔肯斯拍卖公司（A.H. Wilkens Auctions & Appraisals）2010年6月8日拍品1179号。下为晚清景泰蓝）碗，径29厘米。美国凯爱姆拍卖有限公司（K&M Auction Liquidation Sales, Ltd.）2013年3月16日拍品0206A号。

遍规律。断代的主要依据之一是和标准器比较，但明景泰蓝的标准器难以确认，因为缺乏有确切年代考证的明代出土景泰蓝资料。工艺上的特征比如黄铜丝锡焊等能够剔除一些仿品，但不是确认真品的充分条件。

由于19世纪后期以及20世纪初期藏家热衷购买明代景泰蓝，明式器物价格高，于是中国和日本的一些作坊纷纷制作明式景泰蓝，以求善价。在比阿迪斯特（beadiste）网站讨论贴中有一张1935年德兴成珐琅庄的广告纸，其中有些关于德兴成创办人的描述很有意思。广告说：乾隆后景泰蓝工艺失传，但在1860年，Chia先生又重新发现了这门工艺。Chia先生是山东人，以做官服扣子为生。一次偶然的机会在一位老年妇人处见到一些妇人来自艺人所赠的石片/石块（珐琅料）。Chia先生被这些石片/块的美感所震撼，出自好奇Chia先生掏钱买下了全部原料，回去后仔细研究，破译了制作珐琅器的关键技术。当他成功制作景泰蓝后，由于当时景泰蓝在市场上非常稀少，Chia先生所制的景泰蓝卖了高价，特别是卖给把这些器物当作是明代景泰蓝的清代高官们。之后，Chia先生创办了德兴成[1]。广告纸中的信息是否完全属实无法考证，但有两点和美国费城世博会的景泰蓝销售情况一致[2]：1.在19世纪后半期，明代景泰蓝能卖高价；2.19世纪后半期制作的当代景泰蓝被当作明代景泰蓝销售和收藏。由于广告纸是英文，Chia先生的姓不明。但根据1928年7月《中外经济周刊》的《调查：北平珐琅工业近况》，德兴成珐琅局的经理为贾玉堂[3]，而贾与Chia相合，所以Chia先生应是贾先生，贾玉堂的祖上。

实物中，有一类底嵌铜片、铜片上刻"仿明"和清官帽纹的景泰蓝，多为碗、洗类，常见

图 197：左为晚清景泰蓝碗，径 22.2cm。美国克莱蒙拍卖公司（Clearmont Auctions）2018 年 8 月 4 日拍品 0294 号。右为民国景泰蓝洗子，径 20 厘米。

纹饰为海马纹、松竹梅等。英国收藏家哈里·加纳（Sir Harry Garner）在他的专著《中国和日本的掐丝珐琅》（Chinese & Japanese Cloisonné Enamels）中认为此类大多数是 19 世纪末期中国的，但也不完全排除日本仿品的可能性[4]。笔者所见的"仿明"款景泰蓝没有典型的日本特征，所以同意加纳的观点此类为中国制造。此外，铜片上的清官帽纹意味着制作年代为清代。民国后，此类明式器物继续制造，但底款有些换成了民国双旗。图 196 中的碗一（上）和碗二（中）大小、工艺、风格均相似，应为同一作坊所做，而款根据不同时代分别为"仿明"和民国双旗。图 196 中的碗三（下）和图 195 的碗一风格类似，所以它们可能也是同一作坊制作，只质量有高下。

另一种仿明款是"大明年造"[5]。民国出口景泰蓝最常见的品种之一就是"大明年造"款的龙纹洗子。由于不少龙纹洗子中的龙头和龙身比例失调，龙头不但方，而且巨大，笔者曾一度怀疑它是日本的。但综合各方面看，这类应还是中国的，龙头大可能是为了省工。这类洗子也有花卉纹的，但数量不及龙纹洗子。"大明年造"款的早期制品年份应到晚清，比如图 197 中的碗（左），质量较精，如果没有"大明年造"款的话可能会被认作明代真品。图 197 中的洗子是典型的巨头龙洗子，年代为民国 1930、1940 年代，质量较差。图 198 的"大明年造"款洗子附有当时的纸片，写着是 1931 年礼品。所以该件应是 1931 当时制品。

晚清和民国无款的景泰蓝仿明器物也较多见，最常见的纹饰是仿明或仿康熙风格的缠枝莲。这类器物若制作精美、品相较好，也值得收藏。图 199 是晚清或民国景泰蓝花卉纹小盘一对，仿明代风格。

根据劳伦斯·科恩（Lawrence Coben）和多萝西·福斯特（Dorothy Ferster）所著的《日本掐丝珐琅：历史，工艺和欣赏》（Japanese

图198：民国景泰蓝洗子，径30厘米。英国弗雷尔和布朗拍卖公司（Fryer and Brown Auctioneers）2016年3月23日拍品0231号。

图199：晚清或民国景泰蓝花卉小盘一对，各径12.5厘米。

Cloisonné: History, Technique and Appreciation）19世纪西方对日本七宝的影响之一是西方人愿意出高价购买中国古景泰蓝（明代景泰蓝）。所以从19世纪60年代开始，一些日本七宝手工艺者就开始仿制中国明代景泰蓝或者在产品中加入中国元素，把仿品当成是中国古景泰蓝卖给西方人。例如，七宝创始人梶常吉（Kaji Tsunekechi）之孙梶佐太郎（Kaji Satarō）就擅长做中国风格的景泰蓝。梶佐太郎在1880（或1881）到1897年是日本著名的安藤七宝公司的总设计师，在1897到1923年（他去世）是川崎造船所属七宝公司的总设计师[6]。图200是梶佐太郎于1868至1878年期间所制的明式景泰蓝盘，出自安藤收藏。如果不是对当时日本七宝风格比较熟悉的话，很容易将这盘以及这类看作是明代真品。图201是梶佐太郎仿明器物的另一例，1914至1915年的作品。除了梶佐太郎，其他七宝名家比如林小伝治（Hayashi Kodenji）也做过中式景泰蓝，见图202的景泰蓝瓶。图203是巴黎装饰艺术博物馆1889年购入的日本19世纪80年代仿明式炉[7]，耳造型、底黄釉、以及卷叶都有日本当时的风格。

图200：1868—1878年日本景泰蓝盘，径27.9厘米，梶佐太郎制品。出自安藤收藏。来源：Coben & Ferster, *Japanese Cloisonné*, 112.

图 201：1914—1915 年日本景泰蓝瓶，高 29.8 厘米，梶佐太郎制品。出自伊藤吉晴（Itō Yoshiharu）收藏。
来源：Coben & Ferster, *Japanese Cloisonné*, 113.

图202：1894年日本景泰蓝瓶，高18厘米，林小伝治制品。出自林小伝治四世（Hayashi Kodenji IV）。来源：Coben & Ferster, *Japanese Cloisonné*, 112.

图 203：19 世纪晚期日本景泰蓝炉，高 12.6 厘米。法国巴黎装饰艺术博物馆（musée des Arts décoratifs）藏品。
来源：Quette, *Cloisonné: Chinese Enamels from the Yuan, Ming and Qing Dynasties*, 301.

图 204：左为 19 世纪晚期日本景泰蓝薰炉，高 13 厘米。美国马山拍卖馆（Stallion Hill Gallery）2012 年 10 月 20 日拍品 0297 号。右为 19 世纪晚期日本景泰蓝瓶，高 18.5 厘米。美国查理·哈奇拍卖公司（Richard D. Hatch & Associates）2011 年 11 月 19 日拍品 0576 号。

有一种底款为"大明"两字的景泰蓝，科恩（Coben）和福斯特（Ferster）认为是日本仿款[8]。笔者所见这类"大明"款景泰蓝的形制和纹饰，或多或少都含日本元素：图 204 中，熏炉（左）的造型以及莲和叶的形状、瓶（右）耳和整体纹饰均是日本风格。所以笔者认为科恩和福斯特的结论是正确的。

真假是一样东西处于荣和利的风口浪尖时才产生的问题。因为有了收藏溢价，才会有人仿造，才有了真假的命题。若仅仅是装饰用的商品（比如大部分出口景泰蓝），除了名牌溢价可能有仿品外，主要看的是质量、题材、和时尚，而后面这些没有真假问题。

粗仿多是做得不够，而精仿往往是把局部特征做得过头。这个不够和过头是和标准器比较的结果。图 205 左是拍品，右是故宫清宫旧藏。左貌似精细，但花叶布局不合理。更重要的是：右整体协调、生命力饱满，而左缺少饱满的整体感。所以左为后仿无疑。

如果心系荣和利，那么辨真伪就如同坐跷跷板：在对前景看好的心旺期，把假看真，凡是高价或者有名的东西都当成真品。在对前景看淡的心枯期，把真看假，将所有的东西都一棒子打死。

若能坐忘荣和利，气即平、心能定、人则慧。愿读者有慧眼，在真假莫辨的荣利市场中找到被认假的"甄宝玉"。

图205：景泰蓝垒比较。左为美国阿尔贝拍卖公司（Abell Auction）2019年5月19日拍品0232号。右为故宫博物院故119995清晚期掐丝珐琅花卉纹垒。来源：张丽：《故宫博物院藏品大系·珐琅器编·4·清掐丝珐琅》，第215页。

1 见比阿迪斯特（beadiste）网站讨论贴：http://www.beadiste.com/2015/02/puzzling-evidence-clue-about-dexing-or.html

2 关于美国费城世博会的景泰蓝销售情况，请看本书第一章第三节第三小节老天利（下）。

3 李林琳：《清末民国景泰蓝兴衰之研究》，第44页。另外，全兴成的经理是贾玉华，也许是德兴成贾玉堂的亲戚。

4 "Some of the copies have a bronze plate, inserted in the enamel on the base, bearing an incised inscription fang Ming, 'copy of Ming,' often under a mandarin's hat（Pl. 84B）. These copies probably belong to the end of the nineteenth century, and most of them appear to be of Chinese origin, although the possibility of Japanese copies cannot be entirely ruled out." Sir Harry Garner, *Chinese & Japanese Cloisonné Enamels*（London: Faber and Faber, 1962）, 95.

5 大部分"大明年造"款景泰蓝是中国的，但也有少数是日本所制。见 Coben & Ferster, *Japanese Cloisonné*, 50, 212.

6 Coben & Ferster, *Japanese Cloisonné*, 49-50.

7 Quette, *Cloisonné: Chinese Enamels from the Yuan, Ming and Qing Dynasties*, 301.

8 Coben & Ferster, *Japanese Cloisonné*, 212.

图书在版编目(CIP)数据

景泰蓝的海外贸易：晚清到共和国百年商史 / 郑轶伟著. -- 上海：上海文化出版社, 2020.9
ISBN 978-7-5535-1955-5

Ⅰ.①景… Ⅱ.①郑… Ⅲ.①景泰蓝 – 对外贸易 – 经济史 – 研究 – 中国 – 近现代 Ⅳ.① F752.658.7

中国版本图书馆 CIP 数据核字 (2020) 第 135617 号

出 版 人　姜逸青
责任编辑　赵光敏
装帧设计　汤　靖

书　名　景泰蓝的海外贸易：晚清到共和国百年商史
作　者　郑轶伟
出　版　上海世纪出版集团　上海文化出版社
地　址　上海市绍兴路 7 号　200020
发　行　上海文艺出版社发行中心
　　　　上海市绍兴路 50 号　200020　www.ewen.co
印　刷　苏州市越洋印刷有限公司
开　本　889×1194　1/16
印　张　12
印　次　2020 年 9 月第一版　2020 年 9 月第一次印刷
书　号　ISBN 978-7-5535-1955-5/J.456
定　价　168.00 元

告读者如发现本书有质量问题请与印刷厂质量科联系
T：0512-68180628